教員としてのホップ・ステップ
～磨こう　授業力・学級経営力～

監修：七條正典　保坂 亨　齋藤嘉則
編集：植田和也　霜川正幸　土田雄一
　　　全国教育系大学交流人事教員の会

美巧社

発刊にあたり
～若手教員の皆さんに伝えたいこと～

　この本を発刊するにあたり、若手教員の皆さんにお伝えしたいことがある。私自身も、教師としてまだまだ未熟で、日々の授業や子どもの指導に苦闘していた時代がある。いや、未だに成長の過程にあるのかも知れない。

　我が家の冷蔵庫には、結婚半月後、初めて夫婦喧嘩をした時の反省の言葉が掲げられている。それは、「結婚したから夫婦になるのではない。共に苦労を分かち合い、互いに助け合い支え合うことによって夫婦になる。」という言葉である。教師も同じである。教員に採用されたからと言って、最初から一人前の立派な教師となるわけではない。子どもと向き合い、日々の教育実践に悩み苦しんだり、時には喜びを味わったりする経験を通して、次第に一人前の教師へと成長していくことができるのではないだろうか。

　本書の中には、教員養成系大学において、実務家教員として教員の養成に取り組んでこられた方々の、これまでの経験に裏付けられた、素晴らしい教師となるための知恵や期待が込められている。ぜひそれらから多くのことを学び、自らにとって、そして、何よりも子どもたちにとって素晴らしい教師となるよう次の新たな一歩に向けて進んでいただきたいと願う次第である。

　以下に、若年の頃、先輩から学んだ多くの中で、3つの言葉を記し、発刊の言葉としたい。

1　井の中の蛙、大海を知れ！　～視野を広げる～

　「井の中の蛙、大海を知らず」という言葉をよく聞く。狭いところにいたのでは、見えるものも見えなくなる。自分の学校の中だけでなく、他の学校や地域へも学びの場を広げること。そして、限られた人間関係だけでなく、様々な人たちから学ぶこと。さらに、本を読んだり、様々な文化や芸術を直接体験したりするなど、様々な知見を深め、教育以外の世界にも関心を持つことが大切である。このように自分の学びの世界を広げること、つまり自分の視野を広げることは、自分の人間としての幅を広げ、よりよい教育実践を行うための資質能力の向上にもつながるものとなろう。

2 他人の褌で、相撲を取れ！　～抱え込みから脱却する～

「他人の褌で、相撲を取るな」という言葉をよく聞く。人に頼ったり、人を当てにしたりする生き方を戒め、自分の力で行うことの大切さを示した言葉である。確かに自らの力で行うことをせず、人に頼ってばかりではいつまでたっても自立できない。哲学者の鷲田清一氏は、ある講演の中で、自立と独立の違いについて触れ、「自立」は「inter-dependence（相互依存）」、「独立」は「in-dependence（非依存）」であるとして、「共生」の視点の重要性を示唆している。「自ら立ちつつ、共に生きることを学ぶ」。これは、香川大学教育学部附属高松中学校の講堂に掲げられている言葉である。これからの教育においては、自分一人で抱え込み思い悩むのではなく、先輩や同僚、保護者や地域の人々など様々な人と力を合わせチームとして取り組むことが求められている。

3 気配りのできる教師になれ！　～他者を慮る心をもつ～

教師が身に付ける要件の一つとして、子どもの視点に立って考えることのできる資質や、受容・共感的な態度が挙げられよう。また、子どもの指導に際して、保護者との連携協力や、2でも述べた教育活動を行う上での他の教師との協働体制は、これからのチーム学校として不可欠である。そして、これらの具体化のための資質能力として、他者を慮る心をもつことが不可欠である。

保護者や同僚、そして何よりも子どもに対して気配りのできる教師になることを初任の頃に教えられたことが、自分の教員人生の中でも大切な教えとして生きている。

「＜こころ＞はだれにも見えない　けれど＜こころづかい＞は見えるのだ」「＜思い＞は見えない　けれど＜思いやり＞はだれにでも見える」（「行為の意味」）という宮澤章二氏の言葉は、心の中で思うだけでは、その思いはなかなか相手に伝わらないということを教えてくれている。具体的に相手に見える形で心配りや気配りができることが、相互の理解を深め、互いの関係性を築くことにつながり、教師としてよりよい教育実践を行うことにもつながる。

本書を手にした皆さんにとって、現在の自分を一歩でも前進させることに本書が役立つことを心より祈っております。

七條　正典

はじめに
～先生方、お元気ですか？生き生きしていますか？～

　私が受け持つ教室（選修）では、毎年数回、卒業生（初任から経験5年目迄の若手教員）を招いて「先輩たちと語る会」を開いている。新年度も1ヶ月が過ぎた頃、5月の「会」に現れる彼らの表情や言葉は様々である。後輩たちの前では教職の喜び、魅力や使命感を格好良く語りながらも、私たちには苦悩や戸惑いをチラチラと投げてくる。

　初任者（1年目）「先生、もう無理。私向いてない。辞めたい。」…2年目「去年よりは楽だけど、手厚かった初任研（初任者研修）が終わって全部自分でやらなきゃ。それがきつくて。」…3年目「崩壊してます。授業も学級も。子どもとの関係がイマイチなので保護者との関係も。どうしよう？って感じです。」…4年目「この春、異動（転勤）でした。前の学校と何もかも違います。子どもというよりは先生方との人間関係が難しい感じです。」…5年目「大きな仕事を任されたんですが、実際よく分かっていなくて。今まで楽をし過ぎました。」…彼らの苦悩や戸惑いも様々で尽きることはない。

　笑顔で頷きながら、「大丈夫、大丈夫」と声をかけながら、この国の若い教員たちに声をかけたくなる。「先生方、お元気ですか？生き生きしていますか？」

　現在、全国の教員養成系大学には「交流人事教員」と呼ばれる大学教員がいる。交流人事教員とは、学部や大学院の専任教員のうち、大学と教育委員会との人事交流制度に基づき、教育委員会から任期を定めて大学に派遣される教員のことであり、任期終了後は、原則として、学校や教育委員会の教職員に復帰する教員である。大学における教員養成・教員研修機能の活性化や教育委員会との連携強化を図るため、平成15年度、香川大学と香川県教育委員会との間に誕生し、現在では全国30以上の大学に交流人事教員が存在する。

　平成17年度には、各地に誕生し始めた交流人事教員のネットワークを構築するため、「全国教育系大学交流人事教員の会」が結成された。以後毎年、交流人事教員、交流人事教員OB・OGや志を同じくする「実務家教員（高度の実務能力、教育上の指導能力や学校教員としての勤務経験を有する大学教員）」が

一堂に会して「研究交流集会」を開催してきた。研究交流集会では、私たち交流人事教員自身の大学教員としての力量を高める研修、教師教育に関する調査研究や各地の先進的実践を元にした研究協議等に加えて、教員の養成・採用・研修の一体化や教職生涯にわたる職能成長等について意見交換が行われている。
　その際、ほぼ毎回、話題となるのが「送り出した（養成した）若手教員のその後」である。学校教育は、この国の将来を担う人材育成の基幹として大きく期待されながらも、様々な悩みや困難を抱えている。教職に高い「志」をもち、「夢」や「理想」を掲げて乗り込んだ若手教員が、押し寄せる教育課題への対応、教員用務の増大、教員の年齢構成の不均衡や校内事情等により苦しむ姿が、各地から報告される。

　「大学は卒業まで、教育委員会は採用してからといった分断的で狭い考えは捨てよう。送り出した私たちの責任として応援していこう。教員の養成と研修をパッケージで捉えよう。」、「先輩教員から若手教員への知識技能や教員文化の伝承が困難になる中、私たち自身のささやかな経験や教訓が、若手教員たちの役に立つなら喜んで提供しよう。」
　本書は、皆さん若手教員にとって「少しだけ年上の先輩たち」が、このような思いを込めて執筆したものである。
　第1章は「教員を志した初心を忘れずに」として、若手教員へのメッセージを、第2章は「授業力の向上をめざして」、第3章は「学級経営力の向上をめざして」として、学習指導や学級経営に関する具体的なアドバイスを、そして第4章は「教育というすばらしい道」として、教育や教職に対する思いと若手教員へのエールをまとめた。
　私たちは、この国の若手教員たちを、「仲間」、「同志」として心から応援し、本書が、若手教員たちの日々の教育実践や今後の教職キャリア形成の一助となることを強く願うものである。
　最後に、本書の刊行にあたり、監修をお願いした七條正典先生、保坂亨先生、齋藤嘉則先生には、格段のご協力をいただいた。心より感謝の意を表するものである。

　　　　　　　　　全国教育系大学交流人事教員の会　会長　霜川　正幸

目 次

発刊にあたり　～若手教員の皆さんに伝えたいこと～（七條正典）……　1
はじめに　～先生方、お元気ですか？生き生きしていますか？～（霜川正幸）…　3
【コラム】学校・学級で役立つ何気ないコツをマンガで伝授①（池西郁広）　7
第1章　教員を志した初心を忘れずに（若手教員へのメッセージ）……　8
 Ⅰ　自らの成長の自覚と新たな一歩
  ～失敗を恐れず挑戦するエネルギーを～（植田和也）……　9
 Ⅱ　若手教員の魅力を生かして多様な経験を力に（土田雄一）………　12
 Ⅲ　あなた自身のメンタルヘルスとレジリエンス、
  そして日本社会の働き方を見直す（保坂　亨）……………　16
 Ⅳ　人とのつながりを成長の一歩に　～「学び続ける教師」として、
  仲間とともに歩み続けよう～（霜川正幸）……………　21
【コラム】学校・学級で役立つ何気ないコツをマンガで伝授②（池西郁広）　25
第2章　授業力の向上をめざして　……………………………………　26
 Ⅰ　日々の授業で勝負できる力量を
  ～子どもにとってよい授業とは～（佐瀬一生）……………　27
 Ⅱ　プロとしての教師に求められるより深い教材研究（山下隆章）…　35
 Ⅲ　言語活動の充実を図る授業づくり
  ～小学校国語科を例にした教材研究の在り方～（田﨑伸一郎）…　39
 Ⅳ　教材研究を通して授業力を磨く
  ～算数・数学を例に～（大西孝司）……………………　44
 Ⅴ　発問と指示、助言について見直そう（池西郁広）……………　48
 Ⅵ　板書を考えることで授業を設計しよう（日比光治）……………　52
 Ⅶ　アクティブ・ラーニングを生かした授業改善（前原隆志）………　56
 Ⅷ　学習スタンダードづくりによる組織的取組（前原隆志）…………　60
 Ⅸ　子どものつまずきを生かした授業づくり（植田和也）…………　64
 Ⅹ　校内研究で"授業力"を鍛えよう
  ～校内研究再興！再考！最高！～（一瀬孝仁）……………　66
 Ⅺ　研究授業に臨む際に大切にしたいこと（藤上真弓）……………　70

| 【コラム】学校・学級で役立つ何気ないコツをマンガで伝授③（池西郁広） | 75 |

第3章　学級経営力の向上をめざして …………………………………… 76
　Ⅰ　学級経営において大切にしたい基礎・基本（植田和也）……… 77
　Ⅱ　子どもとの出会い・スタートを大切に　～新年度、担任として
　　　どのように子どもたちに関わるか～（高木　愛）…………… 80
　Ⅲ　学級目標は生かせていますか
　　　～学級目標で「チーム」づくりをしよう！～（佐藤盛子）…… 84
　Ⅳ　子ども理解と学級集団づくり（山本木ノ実）………………… 88
　Ⅴ　一人一人が輝く学級づくりをめざして（山下真弓）………… 92
　Ⅵ　どの子も学級の大切な一員（西村隆徳）……………………… 96
　Ⅶ　一人一人とのつながりづくり（静屋　智）…………………… 100
　Ⅷ　特別な支援を要する子どもを核とした学級経営（山本木ノ実）… 104
　Ⅸ　学級経営における危機管理（阪根健二）……………………… 108
　Ⅹ　なるほど　ザ　学級づくりのヒント（大西えい子）………… 112
　Ⅺ　私の学級経営から皆さんに伝えたいこと
　　　～学級経営の柱を作る～（長友義彦）………………………… 116

| 【コラム】学校・学級で役立つ何気ないコツをマンガで伝授④（池西郁広） | 120 |

第4章　教育というすばらしい道 ………………………………………… 124
　Ⅰ　どのようなことであっても「Manage to do」（神居　隆）… 125
　Ⅱ　人生の転機を大切にしよう（蕨原　桂）……………………… 127
　Ⅲ　道徳の授業を通して、子どもから学ぶ（七條正典）………… 129
　Ⅳ　「役割」と「覚悟」
　　　―司馬遼太郎「坂の上の雲」と「花神」から―（齋藤嘉則）…… 131

【コラム】学校・学級で役立つ何気ないコツをマンガで伝授⑤（池西郁広）	133
おわりに（植田和也）………………………………………………………	134
執筆者一覧 …………………………………………………………………	135

【コラム】 学校・学級で役立つ何気ないコツをマンガで伝授①

　学校で過ごしていると何気ないコツを先輩の先生等から学ぶことがあるだろう。コラムでは、そのいくつかをイラストで示してみた。是非、自らの仕事を効率よく進める観点からもヒントにしてほしい。

○ チョークの持ち方

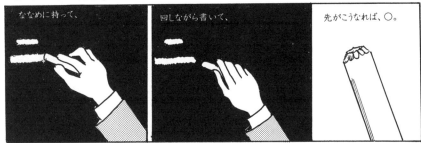

○ 板書の姿勢

○ 机間指導の仕方

第1章

教員を志した初心を忘れずに
（若手教員へのメッセージ）

第1章　教員を志した初心を忘れずに（若手教員へのメッセージ）

Ⅰ　自らの成長の自覚と新たな一歩
～失敗を恐れず挑戦するエネルギーを～

　時には少し立ち止まり、自分の成長や伸びを見つめてほしい。成長している面を自覚して、新たな一歩を踏み出そう。必死で走り続けているであろう"今の自分"を知るということを意識してみよう。

1　成長の自覚
（1）　今の自分を知る
　ホップ・ステップ・ジャンプは、日本人が過去にオリンピックで金メダルを獲得した三段跳びで用いられる用語でもある。ホップを無理して跳んでしまうと、次のステップが崩れてしまい良いジャンプにつながりにくいそうだ。スピードにのりリズムよくバランスを考えながら、自分にあったホップ・ステップを見つけていくことが大切である。

　今の自分の教員としてのリズムやバランスを知る、特に自分の成長や伸びを理解するということは容易ではない。自分のことは一番分かっているようで、本当にそうかと言われると自信がない。大学生や初任者の頃と比較すると、必ずできるようになったことや成長していることがあるはずだ。それが教育活動に向かう姿勢や行動面であったり、内面の意識やものの見方・考え方であったり、多様な視点からホップ・ステップしようとしている自分を見つめ直してみよう。できれば、習慣として身に付けられると更によい。

　①　自らのめざす目標に照らし合わせて
　②　自分に対する友人や同僚、子どもの声や反応等の情報を参考に
　③　できれば客観的に自分の伸びが分かるデータをもとに

　自分で捉える自己像と周囲からの見方や感じ方がどの程度一致しているものか。人間は、常に過去から現在・未来へ変容し、成長しているのである。何か上手くいかないことがあっても、それは変わりつつある過程の一側面だということもよくある。単にマイナスに考えるのでなく、少しずつでもよくなっている自分を探してみよう。短い時間でよいから、自分のプラス面を意識し自覚することは、間違いなく新たな実践へのエネルギー源や挑戦しようとする意欲に繋

がる。そのような過程は、教員として生きる意味を見いだすことにもなるだろう。学校生活において、子どもたちのよさや伸びを評価しようとする教員だからこそ、必要に応じて、時には自らの成長や伸びを語ってほしい。換言すれば、周囲に自慢するのではないが、教員自身の自尊感情が子どもたちに何気なく与えている影響が大きいことも自覚してほしい。

(2) 社会人、教員としての自覚

　不寛容な社会と言われるなか、上田（2010）は、通過儀礼のない大人や現代における通過儀礼の不在の問題を提起している。本来、自分の中の子どもが、一人前の大人として生まれ変わるはずが、現代では自分の中の子どもと訣別することなく大人になっているのでは無いかと言うことだ。もしかすると、教員の中にも、自分の中の学生気分や心理的モラトリアムと訣別することなく何となく教壇に立ち学校で勤務している方はないだろうか。教えられる立場から、教え導く立場への転換を図れたのだろうか。社会の一員として生きる意味を、学校という場で、教員として働く意味を吟味してほしい。

　例えば、論点整理（2015）では、学校の意義として、次のような説明がある。担任している子どもの顔を思い浮かべながら考えてほしい。

> ……学校は、今を生きる子供たちにとって、現実の社会との関わりの中で、毎日の生活を築き上げていく場であるとともに、未来の社会に向けた準備段階としての場でもある。日々の豊かな生活を通して、未来の創造を目指す。

まさに、教育は人格の完成をめざし、子どもたちの未来の基礎づくりに関わっているのである。だからこそ、社会人、教育公務員としての自覚と職責を忘れないでほしい。

2　目標をもち新たな一歩を

　「すずめの学校、めだかの学校の先生のどちらをめざしているの……。」

　若手教員の頃に先輩の先生にいきなり問われたことがある。「ムチを振り振りチイパッパ」、「だれが生徒か先生か　だれが生徒か先生か　みんなで元気に遊んでる……」歌詞は浮かんだが答えられなかった記憶がある。その先生が伝えたかったことは、「こんなクラスをつくりたい、こんな先生になりたい」と

いった目標を若い時に模索しながらもしっかりともつこと、そのことを意識して子どもに接しなさいということであった。その先輩の先生は、職員室の隅にあるソファーで学級の悩みを聴いてくださり、現況を踏まえてめざす目標をともに考えて、私から引き出してくださった。まさに、カウンセリングでありコーチングである。日々の慌ただしさに何となく一日が終わり、学級目標も自分自身の目標も見失い、その日を終えるのが精一杯であった。何かに取り組んでみようではなく、ただこなすだけに終始していた。

「夢に向かってチャレンジする人づくり」、これは、香川県教育委員会の基本理念である。子どもたちが将来に希望を持ち、それぞれの能力や個性を生かしながら、夢に向かって挑戦できる人づくりを進めるということである。

「人は夢を育て、夢は人を育てる」(文部科学省2005)とも言われる。まさに、与えられた正解のない社会の中で、子どもたちが夢や目標に向かって一歩ずつ努力していけるように、まず教師自身の目標をしっかりと確認したいものである。夢や目標をもつことは、自分自身を強くする。そのことが、新たなことに挑戦し、前向きに取り組んでみようとする姿勢を生み出す。そのような教師の意欲や態度が子どもには伝わるものである。たとえ小さな一歩でもよい。先輩に教えられた大切にしている言葉である。

「せかず　あせらず　ひたすらに　一歩　一歩　もう一歩」

行き詰まるとき、苦しみの渦の中だと感じたとき、「なぜ、自分は教員を志望したのか。」この素朴な問いを繰り返し問い続けてほしい。恩師の影響なのか、家族や親類に教員がいたためか。それとも子どもとふれ合うのが好きであったのか。そして、どのような教師をめざしているのか。教育というかけがえのない営みのなかでホップ・ステップしている自分を忘れないでほしい。是非、自らを信じてめざす教師像につながる目標を明確にしてほしい。

【引用・参考文献】
上田紀行 (2010) 『「肩の荷」をおろして生きる』 PHP新書
教育課程企画特別部会 (2015) 「論点整理について (報告)」
文部科学省 (2005)「家庭教育手帳」、85頁

(植田和也)

Ⅱ　若手教員の魅力を生かして多様な経験を力に

1　はじめに

　私が初任者として小学校3年生の担任をしたときは、教育技術もなく、子どもたちの学力を伸ばすことはできなかった。だから、せめて「子どもたちとはよく遊ぼう」と思って毎日、泥だらけになって遊んでいたことを覚えている。

　現在の私はその後習得した教育技術や経験から、教員としての力量は、(当然ではあるが) 当時の自分よりはるかに高いものを持っている。しかし、子どもたちにとって、どちらが魅力的な「先生」かというとそれはわからない。むしろ、当時の私の方が魅力的だったと思う。

2　若手教員の魅力とは

　若い先生には「若さ」という魅力がある。それは技術ではない魅力である。子どもと年齢が近いこともその一つである。それぞれの強み・魅力・得意なことに磨きをかけてほしい。

　私の強みは「子どもたちと遊ぶこと」だった。(「遊びが子どもたちを育てる」と考えていた。) それが子どもたちには「魅力」と映ったのであろう。

　音楽が好きな人、運動が得意な人、本が好きな人、話を聴くのが上手な人等、それぞれの得意分野を生かして子どもたちとかかわってほしい。「技術」を超える魅力を自分たちがもっていることを自覚してほしい。若さが経験や技術に勝ることもあるのである。さらに、吸収力、気力、体力等も若い先生の方が優れているだろう。それらが自分たちの強みであり、魅力である。

3　まねぶ経験

　吸収力のある時期に、教育技術の習得を含め、さまざまな経験を積むことは魅力的な教員の力量形成のためにも大切である。

　指導技術の大切さを実感したことが何度かある。まず、初任のときの「校内図画展」。同学年の先輩に「絵の指導はどうしたらよいですか？」と訊いたところ、「のびのび描かせればいい」の言葉。それをそのまま指導したら (指導になっていない) 他のクラスより、明らかに拙い絵が並んだのであった。一目瞭然。自

第1章　教員を志した初心を忘れずに（若手教員へのメッセージ）

分の指導技術のなさを痛感し、子どもたちに申し訳ない気持ちでいっぱいだったことを今でも覚えている。

　次に、教員3年目の「跳び箱」の授業のことである。初任時に指導技術の大切さを身に染みた私は、さまざまな指導方法の習得に取り組んでいた頃であった。ちょうど書籍等で「跳び箱が苦手な子を跳ばせる方法」を学んでいた時に「跳び箱が苦手な子」が転入してきた。その時、学んでいた指導方法を活用して指導したところ、見事に飛べるようになったのである。子どもも大喜び。それ以上に保護者も大喜びであった。たしかな指導技術があることは、子どもの自信や笑顔につながり、保護者まで喜んでもらえるものだと実感したのである。

　若い時にすべての指導力が（高いレベルで）身についている教員はおそらくいない。現場に出て、子どもたちとかかわりながら、その技術、指導力を高めていくのである（OJT：On the Job Training）。その技術の習得方法はどうしているのか。

　第一は、学年主任等、**「他の教師から学ぶこと」**であろう。「まね」をすることである。学ぶの語源は（諸説あるが）「真似（まね）ぶ」とも言われている。同学年や同僚からそれぞれの得意分野、指導方法を学ぶとよいだろう。教わる対象は「若手同士」でもよい。得意分野で教え合うのもよい。刺激となる。

　次に、**「書籍」**である。指導の技術・方法は、経験豊かな先人たちの方法を習得することが近道である。その書籍を購入することをお勧めしたい。

　インターネットでも手軽に最新の情報がたくさんはいる時代である。しかし、「身銭を切って購入すること」に意味がある。そして、書籍の良さは、切り貼りではないことだ。主張がある。根拠がある。目指す姿が描かれているはずだ。

　跳び箱を飛ばせることを通して、どんな力をつけていくのか、そのプロセスで学ぶことはなにか、得ることは何か等を考える基になるだろう。

　同様に、自分が受けたい**「研修を受講」**するのもよい。体験的に学ぶことができるものがお薦めだ。よい研修を先輩に紹介してもらうとよい学びができる。

4　私の多様な経験〜日本人学校での教員経験〜

　私は若い頃、南アフリカ共和国ヨハネスブルグ日本人学校（1987〜1990）に勤務した経験がある。日本人学校を希望したのは、当時の在籍校に「帰国子

女」がいたからである。グローバルな経験をもつ子どもたちとかかわったとき、自分が世界を知ることがよりよい教育につながると思い、応募したのである。それは、とても貴重な経験であった。世界から見る日本。自分が日本をよく知らないことにも愕然とした。日本中から派遣された小・中学校の先生方と一緒に仕事をしたのもとてもよい経験であった。また、企業の保護者の方々とのかかわりも保護者の視点、企業の方の視点を知ることができ、とても貴重な経験であった。日本の学校にずっといては見えなかったこともあった。

5 外国人とかかわる体験のすすめ

　多様な経験の一つとして、若い人たちにお願いしたいのは「外国にルーツをもつ人たちとのかかわり」である。かかわり方は、趣味でも旅行でも、多様であってよい。これからの日本は「足元の国際化」がさらに進むだろう。身近に外国の方が住み、子どもたちは学校で一緒に机を並べて勉強する時代になる。

　若いうちに外国にルーツをもつ人たちとかかわることは、自分の視野や価値観を広げることにつながる。教員が外国にルーツを持つ子どもたちの多様性や保護者の文化的背景を理解できると外国にルーツをもつ子どもだけでなく、学級の子どもたちも変わっていくだろう。

6 魅力的な教員を目指して〜多様な体験のすすめ〜

　自分の魅力ってなんだろう？それは自分が決めることではないかもしれない。子どもたちや周囲があなたの「魅力」を感じるはずである。それが「今の」長所であり、よさである。そして、そのよさ（魅力）をこれからも磨いてほしい。よく「人間的な魅力」や「人間性」という言葉を耳にする。すてきな先輩はどのようにしてそれを身に着けたのだろう。生まれつきのものなのだろうか。

　私は、若い人には多様な体験をお勧めしている。

　体験には大きく2つある。一つは「教員としての力量を高めるための体験」。もう一つは「人間としての幅や深みをもつための体験」である。

　若い教員は前掲のとおり、自分の指導技術を磨く経験が必要だ。指導技術がないために子どもを伸ばせないとしたら悲しい。ぜひ、指導技術を習得し、教育技術を磨くことにもチャレンジしてほしい。

そして、それ以上に大切なのは、「(教員としての) 学び」以外の体験である。「遊び・趣味」である。たとえば、コンサートでも演劇でもスポーツでもよい。さまざまな体験をしてみることだ。やるのも観るのもいい。日本国内や世界中を旅することもいい。楽しいことも失敗もすべて財産だ。

特に教員養成系学部出身の人は、「学校 (教員) 以外の人とかかわる」ことを勧めたい。物の見方や感じ方が「教員」ではない人がよい。「学校の常識、世間の非常識」と揶揄されることもあったように、教員が世間知らずのままではいけない。「教員 (学校) の視点」と「社会 (保護者・地域等) の視点」を併せ持つ経験があるとよい。また、教員以外の人の「魅力的な人」に触れることもとてもよい経験である。

「本物」に触れる (観る) ことはとてもよい。直接、教育ではないこともそれは必ず、子どもとのかかわりに役立つ。教師が本物を知り、自分が豊か (知識・感性等) になれば、かかわっている子どもたちにより楽しく深い学びを届けられるようになるからである。

また、体験も「能動的体験」と「受動的体験」がある。もちろん能動的な体験が望ましいが、「受動的体験」(やらされたもの等) も必ずしもよくないとは、言えない。むしろ、その中にも多くの学びがあり、その人の力量形成をすることになる。

7　おわりに

若いころは目先のことしかみえなかった。自分のクラスの子どもたちの学力を高めたい。運動能力を高めたい。心を育てたい。そのための指導技術の習得は大切であり、役に立つ。

しかし、教育はそれで終わりではない。子どもたちの将来を見据えてどんな大人になってほしいか、どんな生き方をしてほしいか等をぜひ考えてほしい。その思いをもとに「今やるべきこと」が見えてくる。時々、自分の目指す方向を見つめてほしい。子どもたちが今、身に着けなければならないのは「テストの解き方」ではない。だからこそ、若い教員には、能動的・主体的に体験をしてほしいのである。そして、子どもたちの人生モデルとなる「アクティブ・ラーナー」となることを期待する。

(土田雄一)

Ⅲ あなた自身のメンタルヘルスとレジリエンス、そして日本社会の働き方を見直す

1 教員のメンタルヘルスは危機的状況
(1) 休職者は減少？
　最新統計では、2015年度の全国公立学校教員の病気休職者数は7954人、全体のおよそ1％弱を占める。そのうち精神疾患を理由とする人が休職者に占める割合は63％にあたる。一般には、この精神疾患による休職者だけが注目されているが、それ以外の病気休職者も含めた全体を考えるべきだろう。この病気休職者は1993年から17年連続で増加し、そのうちの精神疾患を理由とする人の割合も $\frac{1}{3}$ から6割以上へと増加した。しかし、2011年度以降、その実数が減少に転じたことにより、文部科学省は「各教育委員会によるメンタルヘルス対策の成果が少しずつ表れている」としている[1]。
　一方、2015年度の退職者の調査からは、違った様相が見えてくる。この調査は3年に1度の実施であるが、全退職者のうち定年前の退職者がおよそ半数を占めている。しかも、その中で病気を理由とするものが約1900人、うち精神疾患による人が半数強を占める。前回調査（2012年度）と比較しても、定年前退職者と病気（うち精神疾患）を理由とする人の増加が確認できる（文部科学省、2016）。実は、病気のうち精神疾患による理由を調査したのは2009年度が初めてで、こうした調査方法の変更自体が危機感を象徴している（保坂、2016）。

(2) 長期に休む教職員たちの実態は？
　当然のことながらこの1年間の病気休職者に加えて、最大で6ヶ月以内の病気（療養）休暇を取っている教員たちがいる。これについては1年間の病気休職者のような全国調査は行われていない。そこで、ある市の教育委員会の協力によって1年間の休職者と30日以上の病気休暇者のデータを合計して、この市内全教員数に占める割合を算出したところ、なんと4％を超えていた。実に25人に1人以上の教員が1年間に30日以上休んでいることが明らかになった。これは小中学校の長期欠席（不登校）よりも多いので、この市では児童生徒よりも教員の方が休んでいるということになる。こうしたデータに基づいて、筆

者は教員のメンタルヘルスは危険水域にあると警告してきた (保坂, 2009)。

(3) 初任者教員の状況

　現在、多数を占める50代教員が次々と定年退職を迎え、定年前退職者も含めて世代交代期にある。当然ベテランに替わって、毎年多くの初任者教員が教壇に立っている。2010年度以降で見ると、全国で25000人以上が新規に採用されているが、この大量採用の陰では、毎年約300人 (採用者の1%以上) もの初任者教員が1年以内に退職している。その多くは依願退職だが、病気によるものがおよそ1/3を占め、その9割以上が精神疾患によるものであることが明らかになっている。なお、実際はそれ以上である可能性も示されている (保坂, 2014)。

　東京都、大阪府、川崎市、横浜市では2%を超える退職者が出ており、このうち自死した遺族から公務災害の申請がなされ、裁判でも認定されたケースが出ている (久冨他, 2010；2012)。その遺族代理人の川人博弁護人は、「初任者研修で初年度は試用期間であることが強調されプレッシャーになった」、「教員の多忙化、孤立化に対する教育現場の支援体制が不足している。関係省庁は教員の深刻な健康問題をきちんと取り上げるべきだ」と述べている[2]。こうしたデータや事例から、初任者教員の退職についてもメンタルヘルスという観点から見直す必要があろう[3]。

　一方で、こうした初任者を育てていく立場にある中堅層 (30-40代) が極端に少ないのが今の学校の現状である。しかも、この中堅層はそもそもその数自体が少ない上に、先にデータで示したように自分たちのメンタルヘルスも危うい状態にある。この初任者のメンタルヘルス問題、そして教員全体のメンタルヘルス問題は喫緊の課題である。

2　心が折れるときとレジリエンス

　佐々木は、小学校の初任者が1年間で何に落ち込み、どんな支援によって仕事へのやる気を持ち続けるのかを調べるために彼らのモチベーション調査を行った。その多くが落ち込んだ理由として挙げたのは、「やることが多すぎて仕事がこなせない」、「授業がうまくできない」、「クラスをまとめることができない」というものであった。また、仕事上で困ったこととしては、「授業運営」と「見

通しを持てない」が上位に挙がった。つまり、先の見通しが持てない中で教材研究もままならず、日々の授業で苦しんでいる初任者教員の姿が浮かび上がった。それでも心が折れてしまうことのないように、日々先輩教員たちに上手に頼る術を見つけていく必要があるだろう。それをふまえて以下の5か条を提案している（佐々木, 2014）。

① 自分から情報を発信すること。
② 報告、連絡、相談を心がけて、孤立しないこと。
③ 困ったときには積極的に先輩教員に聞くこと。
④ 普段から気軽に相談できる先輩を見つけること。
⑤ 仕事はなるべく職員室で行い、わからないことは自分から聞くこと。

小学校現場を経験した後、大学で教員養成に関わる土田（2015）も、若手教員に必要なこととして「助けてもらう力、助ける力」を挙げる。また、同じ経歴の植田（2015）も、教員としての「基礎体力」として「つぶれない、折れない」ということを挙げて、香川大学の「さぬきうどん型教員」＝「粘りがある、腰が強い、折れない、人と馴染んでいく（うどんには出汁があり、つゆがあり、麺があり、具があることから）」を提唱している。

こうした逆境に対する体や心の回復力（抵抗力）を意味するレジリエンスという言葉がある。個々人がこのレジリエンスを高めていくことも必要だが、教員の場合、同僚性（同僚たちとの良き信頼関係）と呼ばれる協力体制こそ、このレジリエンスのベースになっていることを忘れてはならない。本来、「チーム学校」とは、こうした同僚性の上に築かれるものだろう。

3　日本社会の働き方を見直す

そもそも教員のメンタルヘルスがこれほど危機的な状況となってしまった最大要因は、長時間労働などの過酷な勤務状況であり、人員増が解決策であることは言うまでもない。中長期的な目標となっている35人学級を超えて、さらに教員定数の拡大を目指すべきだろう。

これまでも教員の長時間勤務の実態は、日本教職員組合の調査（2004）や文部科学省の調査（2006）でも明らかになっている。また、国際調査（34カ国）でも日本の教員は勤務時間が最長で、特に部活動を含む課外活動に費やす時間は

平均の3倍を超えている。さらには、2015年12月に行われた連合総研の調査でも、週60時間以上働く小中学校教員の割合が70〜80％に上り、他業種より格段に高いことが明らかにされた[3]。

2016年3月には、この部活動の指導が「ブラック過ぎて倒れそう」と呼びかけた若手教員らが、ネットで2万人を超える署名を集めて文部科学省に提出した。これをうけて文部科学省も2017年1月、教員の長時間労働を減らすため、部活動の休養日を設けるよう求める通知を出し、松野博一大臣も「部活指導での教員の負担を大胆に減らしていく」と述べた[4]。こうした動きこそ、日本社会全体の働き方を見直す方向と言えよう。

2015年12月、広告大手の電通に勤める新入社員が自死（過労自殺）し、後に会社は違法な長時間労働を問われて書類送検され、社長が責任を取って辞任する事件が注目を集めた。この事件では、発足したばかりの労働局に置かれた特別チーム「過重労働撲滅特別対策班」が、電通に対して強制捜査に入る場面が繰り返しテレビニュースで流された。電通では1991年にも入社2年目の社員が自死しており、その遺族は電通の責任を問う訴訟を起こし、2000年最高裁判所は電通に安全配慮義務があったと認定した。その結果、電通は責任を認めて遺族と和解し、再発防止を誓ったはずであった。この事件は、日本社会全体に警鐘を鳴らしたが、残念ながら「過労死」と「過労自殺」は後を絶たず、今回また電通という同じ会社で悲劇が繰り返された。教員の「過労自殺」に限定しても、1998年以降で少なくとも10人の自死が「公務災害」と認定されていることが確認できる。日本社会全体がこうした働き方を見直す時期にきているのではないだろうか。

実際、この「過労死」と「過労自殺」は、そのまま英語（karoshi, karojisatsu）となってしまうほど、日本社会特有の現象である（新藤、2017）。こうした状況に対して、ついに日本政府は首相を議長とする「働き方改革実現会議」を発足させた。政府が提唱する「1億総活躍プラン」においても、長時間労働を防ぐ方策として「勤務間インターバル」（1日の仕事が終わってから翌日の始業までの間に一定の休息時間を置くこと）が盛り込まれた。ちなみに欧州連合（EU）では、最低11時間の休息を義務づけている。これを契機に日本社会全体が、自分たちの働き方を見直す方向に動き出すことを願う。

(1) 2012年12月25日付け各紙記事。
(2) 2006年6月21日、12月26日付け各紙記事.
(3) 東京都西東京市の新任教諭の自殺(2006年)について、2017年2月23日東京高等裁判所は一審に続いて公務災害と認める判決を言い渡した。(2017年2月23日付け毎日新聞記事他)。また、NHKの取材によれば昨年度までの10年間に死亡した新任教諭46人のうちは少なくとも20人が自殺だったことがわかった (http://www3.nhk.or.jp/news/html/20161223/k10010817981000.html)。
(4) 朝日新聞2017年1月15日付け記事「先生の7割 週60時間超勤務」
(5) 朝日新聞2017年1月7日付け記事「文科省『部活休養日を』」

【引用・参考文献】

文部科学省 (2015)「平成27年度公立学校教職員の人事行政状況調査について」
文部科学省 (2015)「平成26年度学校教員統計調査」
保坂 亨 (2009)『"学校を休む"児童生徒の欠席と教員の休職』学事出版
保坂 亨 (2014)「初任者教員の退職問題とメンタルヘルス」保坂亨 (2014)『現職教員の研修：学習機会の体系的再構築をめざして』平成23-25年度科学研究費報告書
保坂 亨 (2016)「教育をめぐる状況変化：教員のメンタルヘルス」千葉大学教育学部附属教員養成開発センター編『新教育の最新事情：教員免許状更新講習テキスト』福村出版
保坂 亨、土田雄一、植田和也、霜川正幸 (2015)「学校現場を経験し、大学に来た教員の教員養成系学部の学生指導について」保坂亨 (2015)『教員養成における交流人事教員と実務家教員の役割』平成26-28年度科学研究費中間報告書
久冨善之、佐藤 博 (2010)『新採教師はなぜ追いつめられたのか』高文研
久冨善之、佐藤 博 (2012)『新採教師の死が遺したもの』高文研
佐々木邦道、保坂 亨 (2014)「初任者のモチベーション変化と校内研修のあり方」保坂亨 (2014)『現職教員の研修：学習機会の体系的再構築をめざして』平成23-25年度科学研究費報告書
新藤宗幸 (2017)『過労死を防げぬ労働行政』東京大学出版会up、N532、28-32頁

（保坂　亨）

第1章 教員を志した初心を忘れずに(若手教員へのメッセージ)

Ⅳ 人とのつながりを成長の一歩に
～「学び続ける教師」として、仲間とともに歩み続けよう～

1 これからの教員に求められる資質能力と「学び続ける教師」
(1) 社会の変化とこれからの教員に求められる資質能力

　学校教育において、最も子どもたちに影響を与える教育環境は私たち「教員」であり、教員の資質能力の向上が求められるのは当然である。そして、その向上は、大学における養成・教育委員会による採用・教職に就きながらの研修として、教職生活全体を通じて取り組まれることが理想と言えよう。

　少子高齢化と生産年齢人口の減少、グローバル化や情報科学技術の発展に伴う国際競争の激化、様々な格差の拡大とライフスタイルの多様化等、現代社会や世界は大きく変化している。また、いじめ・不登校等生徒指導上の諸課題への対応、特別支援教育の充実、困難を抱える家庭への支援等、学校教育の課題も複雑化、多様化している。

　これからの教員には、子どもたちの知的欲求に応え新たな学びを創造する実践的指導力に加えて、社会の変化や新たな課題に対して柔軟かつ適切に対応できる能力が必要となる。中央教育審議会「教職生活の全体を通じた教員の資質能力の総合的な向上方策について(答申)」(平成24年8月28日)は、「これからの教員に求められる資質能力」として、次のように整理している。

> ①教職に対する責任感、探究力、教職生活全体を通じて自主的に学び続ける力(使命感や責任感、教育的愛情)
> ②専門職としての高度な知識・技能
> ・教科や教職に関する高度な専門的知識(グローバル化、情報化、特別支援教育その他の新たな課題に対応できる知識・技能を含む)
> ・新たな学びを展開できる実践的指導力(基礎的・基本的な知識・技能の習得に加えて思考力・判断力・表現力等を育成するため、知識・技能を活用する学習活動や課題探究型の学習、協働的学びなどをデザインできる指導力)
> ・教科指導、生徒指導、学級経営等を的確に実践できる力
> ③総合的な人間力(豊かな人間性や社会性、コミュニケーション力、同僚とチームで対応する力、地域や社会の多様な組織等と連携・協働できる力)

Ⅳ 人とのつながりを成長の一歩に～「学び続ける教師」として、仲間とともに歩み続けよう～

(2)「学び続ける教師」とは

　初任者研修や教員研修で「学び続ける教師」という言葉を耳にすることが多いと思う。なぜまた、今さら、私たちは学び続けねばならないのだろうか。

　一時代前の教員は、既知の内容を子どもたちに伝えることが仕事であった。しかし、急速に変化することが当たり前で「知識には賞味期限があり、技能は日々錆びる」と言われる現代社会では、そのような仕事ぶりは社会の期待や子どもたちの学びの欲求には応えられない。これからの教員には、既知の伝達に加えて、子どもたちに、新たな課題を開発し、他者と協働し、解決に立ち向かっていけるだけの力をつけることが期待されている。

　そのためには、教員自身が広い視野と自律的に学ぼうとする姿勢をもち、他者と協働しながら、新しい知識・技能や理論等を探究し続けることが必要であろう。同時に、日々の教育実践を共有し、他者とともに省察し、課題解決力や実践的指導力を高めることもまた、貴重な教職の学びと言える。

　新たな学びを追い求め、生き生きと働き、何事にも積極果敢にチャレンジする「学び続ける教師」こそ、子どもたちの良きモデル、あこがれの存在となれるのではないだろうか。

　しかし、日々の教育実践、激務の中で学び続けるには相当なエネルギーが必要なことも事実である。そんな時、学びのエネルギーとなるのが「仲間」の存在であり、人との「つながり」であろう。次項では「教職への夢と志でつながる仲間たち（Co-fort）」による教職研修プログラムの様子を紹介する。

2 若年教員と教職志望学生による協働型教職研修の実際から
(1) 山口大学「ちゃぶ台次世代コーホート（Co-fort）」とは

　このプログラムは、教職経験の浅い若手教員と学生が研修組織（Co-fort）を設立し、教育実践や体験の共有と省察、教えあい・学びあい等をとおして、教員としての資質能力の深化、教職実践課題の解決力や省察力の醸成を図る教員研修・養成プログラムであり、10年目を迎えている。

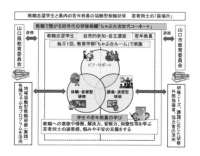

第1章　教員を志した初心を忘れずに(若手教員へのメッセージ)

　研修は、①ピア・サポート(個人の教育実践上の悩みや不安等の開示と共有、共感的理解と温かい仲間意識の中での課題解決への取組や人間関係づくり)、②講義・演習型研修(希望する研修課題や必要課題の招聘講師による講義演習と研究協議)、③体験・省察型研修(自らが講師となる模擬授業、実践発表や学生の教職体験に対する指導助言体験等 Learning by Doing)からなり、毎月1回(土曜日午後)の定例研修会に組み込まれている。

　このプログラムは、若手教員や学生の自主的・自発的研修として、「参加できる時に、参加できる範囲や形で、気軽に参加する」スタイルを原則としているが、登録者は毎年120人超となる。3分の2を占める若手教員は、山口・広島を中心に東は千葉、東京から、西は福岡、長崎に至る各地から集ってくる。研修会後は、昼間に話せなかった・相談できなかったことや研修の補充、人間関係やネットワークの拡充等を図るための交流研修会(懇親会)を、研修指導者や大学教員も加えて実施し、立場を超えてつながりを深めている。

　毎月、土曜日午前に山口に集い、午後の研修会に学び、夜遅くまでの交流研修会で交わり、翌日、「元気になりました。また一ヶ月頑張ります。」と山口を後にする若手教員を見送る度に、新たな学びを追い求め「学び続ける教師」を体現しようとする姿を微笑ましく思う。

　反面、教職を目指した初心、子どもたちへの愛情や使命感、責任感等から自らを奮い立たせながらも、それぞれ違う教育現場で、悩み苦しむ姿にも思いをはせる。「だからこそ仲間の存在が有り難いのだ。あらゆる人とのつながり、絆を大切にしてともに伸びることが大切なのだ。」と伝えたくなる。

(2)　人とのつながりを成長の一歩に仲間とともに歩み続けよう

　このプログラムでは、年度の最終回(3月研修会)終了後、参加者全員がコメントを残すことにしている。初任者教員2人のコメントを紹介する。

Ⅳ　人とのつながりを成長の一歩に～「学び続ける教師」として、仲間とともに歩み続けよう～

> 「コーホート」は私にとって「帰る場所」であり、「原点に戻って自分を見つめ直せる場所」、そして「教師としてのモチベーションを高めてくれる場所」です。参加する度に新たな人との出会いがあり、会いたい人に会え、尊敬する人たちから日々の業務で忘れがちな何かを思い出させて貰える場所です。　　　　　　　　　　　　　　　　　　　（高校：本務教員１年目）
>
> 新卒の私にとっては、教職について迷うこと、分からないことがたくさんあります。ただ、知識やすぐに使えるワザなどは教育雑誌や他の研修会でいくらでも仕入れることができます。例えそれが本当に使えるモノであったとしても、今の私には空虚なモノのように感じます。私が今求めているものは、そういった使えるモノではなく、困ったときや迷ったときに立ち返ることができる「原点」です。その「原点」がこのコーホートで研修されている若い先生方とのつながりや議論、また大学の先生方、学生や講師の方々の経験や考え方に詰まっているから来たくなるのだろうと思っています。　　　　　　　　　　　　　　　（小学校：本務教員１年目）」

若手教員は、同世代を同志や仲間ととらえ、悩みや不安の共有、連帯感、先進実践、新たな視野や視点、モチベーション、捉え直しと学び直し、原点の再認識等それぞれに多くを学び成長している。同時に、自分たちに続く学生からも、初心、情熱や思い、柔軟な発想や新たな視点等を得ている。若手教員を包み込む多くの人たちとのつながりが、「学び続ける教師」としてのエネルギーとなっていると思える。

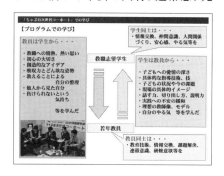

(3)　これからの教育を担う皆さんに伝えたいこと

「子どもたちは未来からの留学生、帰っていく時代を読まねばならぬ。」

ならば考えよう。子どもたちが帰っていく時代のことを、その時代を生き抜くために必要な力のことを、それらを育てる教員のあり方を。「仲間」たちとともに、人との「つながり」をエネルギーにして学び続けよう。そんなキラキラした「学び続ける教師」を心から応援し続けたいと思う。　　　　　　（霜川正幸）

【コラム】 学校・学級で役立つ何気ないコツをマンガで伝授②

○ ノートの提出のさせ方

○ 封筒を配る

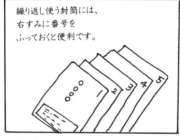

○ 黒板の下

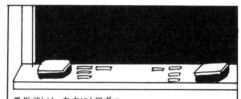

○ 朝会に行くとき、帰るとき

第 2 章

授業力の向上をめざして

第2章　授業力の向上をめざして

Ⅰ　日々の授業で勝負できる力量を
〜子どもにとってよい授業とは〜

　「子どもにとってよい授業」とは、端的には「おもしろく、力がつく授業」である。それがどのような授業か、の前に、授業の前提・基盤から順に述べていく。

1　授業は何のためにやるのか？
　そんなことを考えながら日々の授業を行っている教員は、そう多くはないかもしれない。でも、実はその問いへの答えこそが、あなたの授業の根本になる。
　「生きる力の育成のため」とか「確かな学力の向上のため」とか答えそうだが、それは借り物の言葉ではないのか？　あなたは自分自身の言葉で「生きる力」「確かな学力」の概念規定ができているだろうか？
　学校は、子どもが社会（世の中）を生きていく、生き抜いていくための「力」をつけるための場所である。だから、授業での学びは子ども自身が「力」を自ら獲得する過程、ということになる。目指すのは、子どもが自分で問い、調べ、考え、解決を導き出す授業であり、獲得した「力」をいつでも使えるようになることである。あなたの日常の授業は子どもの「力」をつけているだろうか？

2　授業の大きなベクトル
　授業に限らず、教員が子どもを伸ばすために行う様々な事柄をまとめて「指導」という。指導にはベクトル（向きと量を持った値、方向性）がある。それは、「直接指導から見守りへ」という大きなベクトルである。
　最初は何をどうしていいかわからないので「これはこうするんだよ」「これはしてはいけないよ」などと丁寧に指示したり、手を取り支える「直接指導」の段階が必要である。でも、いつまでも直接指導ばかりしていると、子どもは待っていれば教員が全部指示してくれるのだから、教員の言うことを聞いていればいいことになる。子どもにとって、こんな楽なことはない。「先生、次は何をすればいいんですか？」といった指示待ちの言葉が日常的となる。
　そのような状態のままでは子どもは伸びない。少しずつ、子ども自身に考えさせ、判断させ、選択させ、自分でやらせる事柄を増やしていくことが必要である。

そして最終的には「見守り」の段階にしていくのである。「見守る」といっても、放っておくわけではない。視野の中に捉えながら、どこまでその子が自分でできるかを見極めて、もし必要があればいつでも手を差し伸べられる状態を保つ、ということである。教

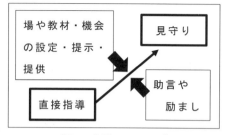

【図1　指導のベクトル】

員は基本的に子どもに任せながら、次にどうするか、いつどこでどんな手を打つかを考え、プロデュースする役割となる。

　教員は「直接指導」から「見守り」への大きなベクトルの中で、少しずつ子ども自身の力でできるように考えながら、適宜「場や教材・機会の設定・提示・提供」をしたり、「助言や励まし」をしたりするわけである（図1）。

　つまり「指導」とは、現在位置と目的地を正しく設定し、常に状況に合わせて修正をかけつつ、目的地に至る最善の経路や方法を探り、示していく「ナビゲーションシステム」である、ということができる。授業も意図的なナビ機能による「指導」である。その場しのぎや行き当たりばったりは、授業ではない。

3　授業の三観

　授業は先の見通しを持って、少なくとも単元のスパンで計画を立てて行うべきものである。その計画においては、「授業の三観」を明確にすることが大切である。「授業の三観」とは「教材（単元）観」「子ども観」「指導観」である。

　教材観は「教材（指導内容）を教員自身がどう観ているか？」ということで、その教材の位置付けや範囲、内容に対する教員自身の捉え、そして授業のねらい等である。子ども観は、「子ども（学級の児童生徒）を教員自身がどう観ているか？」ということで、子どもの日常の様子や意識、教科学習への取組状況、その教材（学習内容）に関する既有知識等である。同じ教材でも、教員により教材観や子ども観が違う。というより、違うのが当たり前である。

　この教材観と子ども観の両方を受けて、「だからこのような授業指導をする」というのが指導観である（図2）。単元や各時間の授業構成、具体的な内容や方

第2章 授業力の向上をめざして

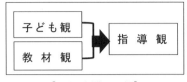

【図2 授業の三観】

法・手立て、指導上の留意事項等について、教員自身がその授業で何をどうするか、を構造的かつ具体的に、そして明確に示すものである。三観が明確だからこそ、芯の通ったブレのない授業が展開できる。中途半端な授業は、まず、この三観のどれか（あるいは全部）が曖昧なまま授業に臨んでしまっている姿であるといえる。

4　優先すべきは、計画か？子どもか？

　実際の指導（授業）では計画通りにいかないことがほとんどである。その場合、「計画に子どもを合わせる」か「子どもに計画を合わせる」かが大きな分かれ目である。授業が計画のままに子どもをはめ込むことであれば、少数のスーパー教員（？）が全国画一でのサテライト授業をすればよいだけである。しかしそれでは、子どもは首に縄をつけて引っ張られていく存在でしかない。授業は計画を基盤としつつも、子どもの状況に応じて、その場（ライブ）で必要な修正をしつつ進めていくものである。つまり、授業は教員と子どもたちが協力して、その場でつくっていく共同作品である。授業はサテライトではなくライブなのである。

　とはいえ、しっかりした計画がなければ授業にならないことは「授業の三観」で述べた通りである。明確な計画があればこそ、子どもに柔軟な対応もできる。

5　課題と評価

　授業の「最善の経路や方法」は決して「最短距離」や「楽な方法」ということではない。子どもが自分で考え、自分の力で社会を生き抜いていくことにつながるよう「負荷」をかけることが大事である。この負荷が「課題」である。

　負荷（課題）は、子どもが今の状態（現状）から、もう少しできる・わかる・成長する状態になるために与えるのである。目指す目的地が遥か彼方であっても、一つ一つの負荷は、子どもがどんなにジャンプしても手が届かないものではいけない。逆に、手を伸ばさなくても既に届いているものでもいけない。前者は「無茶」「無理難題」、後者は「甘やかし」であり、どちらも子どもは伸びな

I 日々の授業で勝負できる力量を〜子どもにとってよい授業とは〜

い。手を伸ばせば、ジャンプすればギリギリ、何度も練習すれば届きそうな、というのが適切な負荷である。子どもが自分の力をフルに使って負荷をクリアする。その繰り返し、積み重ねが、子どもの「力」を培っていく。だから、授業では「どんな学習問題にするか？」、つまり課題設定が極めて重要なのである。

授業はやりっ放しではいけない。子どもが授業中に課題解決に向けて取り組み、達成に近づいているか、その状況を見極めながら必要な手立てを施す必要がある。その「見極め」が「評価」であり、授業中は子どもの様子（表情、仕草、反応、取組等）の「見取り（見る・観る・視る・診る・看る）」が重要である。その見取りに基づいて必要な手立てを施すことを「指導と評価の一体化」という。授業中には、教師が無意識のうちにも、極めてフレキシブルでダイナミックな評価と指導の連続関係が行われているのである。

したがって、授業中いかに子どもたちをよく見取るかが教員の授業力に直結する。子どもたちの顔を見ずに、子どもたちとやり取りをせずに、黒板にばかり、あるいは教科書にばかり向かっているようでは、それは単なる独り言であり、独り善がりの自己満足である。アクティブ・ラーニングが重視されているのも、そのような「授業ではない授業」の改善という視点がある。

ところで、評価というとテストや通知表、指導要録が頭に浮かぶかもしれない。しかし、それらは評価の一部分、一側面だということを忘れてはならない。

6 おもしろく、力がつく授業
(1)「おもしろい」授業

「おもしろい」を辞書で引くと「興味深い、心引かれる」「こっけい、笑いたくなる」「快く楽しい」等の意味がある。授業に当てはめると、学習活動の内容や方法等の「それ自体の（単純な）楽しさ、おもしろさ」や「興味・関心の高まり」ということになろうか。また、それらに加え「知的な探求」も「おもしろい」になるだろう。まとめると「興味・関心ややる気を引き起こす、伸ばす、高める授業」といえる。それは子どもの側からすると「おもしろいと思える、実感できる（＝興味・関心ややる気が高まる）授業」になる。

(2)「力がつく」授業

この「力」を、まず「確かな学力」から整理してみよう。学校教育法第30条2

に示されている「学力の3要素」は、①基礎的な知識及び技能、②知識・技能を活用して課題を解決するために必要な思考力・判断力・表現力等、③主体的に学習に取り組む態度、である。子どもがこれらを身につけ、伸ばすことができる授業が「確かな学力がつく授業」ということになる。これを子どもの側からすると「確かな学力（知識や技能、思考力・判断力・表現力等の諸能力、主体的態度）がついたと思える、実感できる授業」となる。子どもが達成感や満足感、自信を持って「よかった」と思える授業、といえる。

しかし実はそれだけではない。学校は集団生活の場である。授業も「集団による学び」を通して行われる。個人ごとに行うよりも、集団だからこその学びが、より個々にプラスに働くことが重要である。それが「学び合い（＝協働的な学び、対話的な学び）」である。「学び合い」というと、とかくペア学習、グループ学習、話し合いなど挙げられるが、それらは「やればOK」というものではない。子ども自身がペア・グループ学習、話し合いの必要性を感じているか、やる気を持っているかが肝要である。学び合いは「スタイル」ではなく、「中身（意識）」である。実のある学び合いが、確かな学力に結び付く。

（3）「おもしろく、力がつく」授業と、そうでない授業（？）

「おもしろい」と「力がつく」の2面から、4象限のマトリックスができる（図3）。

「おもしろく、力がつく」のがよい授業とすれば、「おもしろくなく、力がつく（＝力はつくが、おもしろくない）」のは修行、「おもしろく、力がつかない（＝おもしろいが、力はつかない）」のは遊び、「おもしろくなく、力がつかない（おもしろくもなく、力もつかない）」のはただの時間つぶし、といえよう。

		おもしろい	
		○	×
力がつく	○	おもしろく、力がつく	おもしろくなく、力がつく
	×	おもしろく、力がつかない	おもしろくなく、力がつかない

【図3 「授業」の4象限マトリックス】

7 つけるべき授業力〜「授業の4力」と「23のコンピテンシー」〜

「授業力」については、様々な研究者や教育センター等から様々な文言で説明されている。ここでは、その中から、千葉市教育センターでまとめた「授業の4

I 日々の授業で勝負できる力量を〜子どもにとってよい授業とは〜

力」と「23のコンピテンシー」を紹介する。

授業の4力	23のコンピテンシー
授業コミュニケーション力	①きく、②みる、③話す、④対話育成、⑤自由な空気づくり
一瞬の対応力	⑥一瞬の対応、⑦発問、⑧ゆさぶり、⑨ほめる叱る、⑩つぶやきを拾う
意欲向上力	⑪主体性、⑫ささやき、⑬興味関心、⑭ユーモア、⑮やる意義、⑯体験、⑰導入、⑱課題
授業構成力	⑲教材探し、⑳省察、㉑授業構成、㉒教材研究、㉓学習習慣

【図4 「授業の4力」と「23のコンピテンシー」】

　これは「授業の達人」の授業経営の要点を、「23のコンピテンシー」にまとめ、さらに「授業の4力」として類型化したものである（図4、詳細は文献参照）。このように整理したものを見ると、授業力の構成要素がわかりやすく理解できるのではないだろうか。なお、授業コミュニケーション力〜意欲向上力の三つは「授業のやり方」、授業構成力は「授業の在り方」であるといえる。「やり方」はあくまで方法（手段・手立て）である。基盤となる「在り方」がしっかりしてこそ、「やり方」が効力を発揮するのである。

8　教師力の「公式」

　筆者は30数年間、教育界に身を置いて、小学校教員や教育センター・行政職、大学教員など、様々な経験をさせていただいてきた。その中で、自分や他の人々の指導を通して、教師力には「公式」めいたものがあるように強く感じるようになった。現在は次のような「公式」として整理しているところである。

$$教師力 ≒ （知識＋意識＋感性）×思考×実行×積み重ね$$

　ベースは「知識」「意識」「感性」である。

　教員として子どもたちを指導する上で、「知識」は授業でも学級経営でも必須である。これまで自分が得た学校での学びや生活経験からの知識などを活用することで、指導が豊かなものになる。だからこの「知識」は、単に暗記したことではない。「身に付いた、活用できる知識（知恵を含む）」である。

　「意識」は、教育に対する情熱や教員としての自身のスタンスであるととも

に、子どもたちの指導にあたる心構えや考え方、子どもたちをみる「眼」である。「子どもが好き」というのは教員の基礎資格であって、その上に、子どものためにこうありたい、子どもをこうしたい、という強い意識が求められる。

　同じものをみても、気付く人と気付かずスルーする人がいる。この「気付く」という「感性」がないと、子どもの状況を見取ることはできない。

　これらのベースを持って、「どのようにすればよいか」を考える「思考」、実際に実践する「実行」、省察し修正を加えながら指導を重ねる「積み重ね」を掛け合わせることが、教師力を向上させるのである。授業力も、この「公式」に当てはめて説明できるだろう。

　もともと持っているかどうか、が問題ではない。自分自身で高めようとする歩みが大事なのである。教員自身が自らを高めようと願い、どうすればよいか考え、実行を重ねていく「学び続ける教員」であることが、自身を確実に高めていく大道である。

9 「おもしろく、力がつく」授業ができるようになるために

　「おもしろく、力がつく（＝よい）授業」をできる授業力を最初から持っている教員などいない。少しでも授業力をつけよう（つけたい）、伸ばそう（伸ばしたい）。多くの教員は日々そう願い、努力を重ねているはずである。

　そのような授業ができるようになるためにはどうすればよいか？

　授業関係の書籍や論文、レポートなどをたくさん読むことも一つである。しかし闇雲ではいけない。自分でパラパラめくってみて、「おもしろそう」「なるほど」と思えるものがよい。書店に並んでいる教育書でも、実は「使えない」ものが案外多くあるのである。また、毎日の新聞や、ビジネス書や小説など幅広いジャンルの書籍などから授業のヒントを得ることも、実に多い。

　しかし何よりも、授業力は授業実践を通して向上する。一つは「授業をする」こと、もう一つは「授業をみる」ことである。

　「授業をする」とはもちろん、自分が授業実践をすることである。ただ自分だけの中で完結させるのではなく、人にみてもらい、意見やアドバイスをもらうことが、より授業力の向上につながる。先述の千葉市教育センターの研究では、それを「公開と批判」という言葉でまとめている。人にみてもらうからには、そ

れなりの準備が求められる。A4用紙1枚の略案でも、授業者の思いや考えは十分に表出できる。

　全部の授業を人にみてもらうことはできない。日々の通常の授業では、ぜひ「授業ノート」を作成してみてはどうだろうか。簡単な授業構想や計画、手立てなどをメモして授業に臨み、授業後に授業記録や反省などを書き込むのである。しかし全教科での作成など、できるものではない。緻密なノートも、すぐに息が上がって続かなくなる。自分で「特に高めたい」と思う教科に絞り、ごく簡単なものにして、無理せず長く続けられるものがよい。ノートには、授業終了時の板書を撮影して貼ることもお勧めである。

　「授業をみる」とは、他の教員の授業を積極的にみることである。実は「授業をみる力」は「授業をする力」に連動する。研究授業の時などに、参観していてメモも取らずにボーっと眺めている若手教員をよく見かける。これは多くが、授業の何をどのようにみたらいいかわからないからである。よい授業でも悪い授業でも、そこから学べることは限りなくある。日常の授業でも十分である。

　1コマを通してでなくても、ほんの10分だけでもよい。例えば「教員と子どもの発言を追う」「教員の動きと子どもへのかかわりを追う」など、自分で焦点を定めて授業をみることである。その積み重ねで、だんだん見方が鍛えられていく。だから、日頃から、授業をみ合える関係づくりが大切である。

　「よい授業」をするためにできることはたくさんある。ぜひ、日々の授業で勝負できる力量を、自らのアプローチで鍛え伸ばしてほしい。いつから？もちろん、「今から！」である。若い皆さんに、大いに期待している。

【引用・参考文献】
・千葉市教育センター（2012）「読本・達人に学ぶ授業力」宮坂印刷
・千葉大学他（2014）「初任者・ミドルリーダー支援による循環型・発展型研修プログラム（リンクプログラム）の開発」教員研修センター

（佐瀬一生）

Ⅱ　プロとしての教師に求められるより深い教材研究

1　子どもに何を身につけさせるか
（1）　学習指導案で大事にしたいもの
　研究授業を行うとなると、まずは、学習指導案の作成である。あなたは、「単元について（教材（単元）観・子ども観・指導観）」「本時の学習指導」のどちらに重点をおくのだろうか。参観する側からすれば、どのように授業が展開されるか気になるところである。しかし、私は「単元について」をまず読み込む。どんなに素晴らしいと周囲が賞賛する授業であったとしても、そこに書かれていることが行われていなければ違和感をもつであろう。なぜなら、授業単元の基本方針が踏まえられていないことになるからである。

　児童生徒に定着させるものは教材（単元）観である。そのレディネスを表したものが子ども観、身につけさせる手立てが指導観で表される。「何で今さら」と思わないでほしい。ちぐはぐな学習指導案がどれだけ多いことか。「単元について」には、指導者の意図や願いが込められていることを忘れないでほしい。

（2）　先人に学ぶということ
　向山洋一は、1980年代に「実践によって裏付けられた優れた教育技術をすべての教師の共有財産とする」ことを目的として、「教育技術の法則化運動」（法則化）を提唱した（現・TOSS）。各地の実践が集められ、それを「追試」することによって教員の教育技術向上が図られた点で意義あるものであった。向山は次のように語っている。

①　教育技術はさまざまである。できるだけ多くの方法をとりあげる。（多様性の原理）
②　完成された教育技術は存在しない。常に検討・修正の対象とされる。（連続性の原理）
③　主張は教材・発問・指示・留意点・結果を明示した記録を根拠とする。（実証性の原理）
④　多くの技術から、自分の学級に適した方法を選択するのは教師自身である。（主体性の原理）

　向山は、教育技術に焦点をあてて教員の資質向上を謳っており、教育内容に

は言及していない。教材（単元）観の認識は教員に具有されている前提があると仮定したうえでの提案と考える。現在、都道府県教育センター等のHPでも、多くの学習指導案を閲覧できる。これらを参考にするのは大いに結構なことであるが、「何を身につけさせるか」を置き去りにしないように心がけてほしい。

2　教科書をどう読むか
（1）教科書は洗練された参考書

　周知のとおり、教科書は学習指導要領に準拠して編集されたものである。先輩教員からは、「教科書を教える」のではなく、「教科書で教える」ことの重要性を常々指導されてきた。教科書をじっくり読んでみよう。余分な骨肉をそぎ落とし、修飾語も非常に洗練されて記述されていることに気づくはずである。それを、どう解釈して児童生徒に出会わせていくかは、教員の学習内容の認識の高さに委ねられているのである。

　小学校社会科（東京書籍『新編新しい社会　歴史』（平成28年度版）のコラムに、竜安寺石庭の写真を付して次の記述がある。

> 　京都の竜安寺には、枯山水という石と砂で山や水などを表す様式の石庭があります。庭づくりでは、身分の上で差別をされてきた人たちが活やくしました。室町時代につくられた数々の庭園は、今も人々の心をとらえ、季節ごとに多くの人がおとずれます。

「竜安寺に枯山水の石庭がある」「作庭は『身分の上で差別をされてきた人たち』が活やくした」「室町時代につくられた庭園は今も感動を与えている」と、わずか3文である。「身分の上で差別をされてきた人たちが作庭に努力して室町文化発展に寄与した」とまとめられそうである。しかし、あなたは、「身分の上で差別をされてきた人たち」がどのような職業を担ってきた人たちであったか、説明できる認識を有しているだろうか。「身分の上で差別をされてきた」とは、当時の「差別」とは何であるのか、説明できるのだろうか。そのような理解もなく、先行の学習指導案に追従して、「差別」を強調した授業を行ってはいないだろうか。教員として、児童に何を伝えるか振り返ってみる必要がある。

（2） 最新の情報を入手する

　三内丸山遺跡（青森県）等の発見により、縄文時代の農耕は教科書に掲載されるようになった。また、池上曽根遺跡（大阪府）の発掘成果からは、弥生時代が1世紀ほど遡ることが明らかにされて久しい。ところが、「縄文時代は狩猟と採集が中心」などと、旧態依然たる内容で授業が行われている。

　教科書は、間違いがあってはならないために、定説とされた情報を載せている。ところが、編集、検定等のタイムラグにより、最新の情報を提供してくれていないことがある。プロの教員として、常にアンテナを高くして、可能な限り新たな情報を入手しておきたいものである。デジタル教科書は重宝する教材であるが、そこに胡坐をかいてはいけない。資料的価値は年々薄れるのである。社会科であれば、『国勢図絵』や行政資料など、常に新しいデータを入手して児童生徒に提示できる準備をしておくことが必要である。

3　何をできるようにするか

（1） これからの授業に求められるもの

　「中央教育審議会答申（平成28年12月21日）」では、「何を教えるかという内容は重要ではあるが、これまで以上に、その内容を学ぶことを通じて『何ができるようになるか』を意識した指導が求められている」とされた。アクティブ・ラーニング（学修者の能動的な学修への参加を取り入れた教授・学習法）の重要性が謳われたわけである。アクティブ・ラーニングには、発見学習、問題解決学習、体験学習、調査学習等があり、教室内ではグループ・ディスカッションやディベート、グループ・ワーク等の話合い活動が有効とされている。

　これらの学習形態は、以前から実施されてきたものである。それが、今回強調されるのはなぜだろうか。これまでの学習指導要領が「『何を知っているか』にとどまらず『何ができるようになるか』に発展させることを妨げている」とするのは、話合い活動の多くが一定の結論に帰着するような教員の恣意的な操作が課題とされていると考えてよいのではないだろうか。

（2） 何を話し合わせるか

　どのようにすれば、児童生徒が様々な意見を交わせることができるのだろうか。それは資料をどう扱うかに尽きる。

右は「讃岐国大内郡引田村」の地券である。これで「地租改正が行われ」、地価を定め、土地の所有者がその3%を現金で納めるようになったことだけを押さえるのは寂しいことである。2.5%に地租が下がったことからは新政反対の動きを見出すことができるし、「讃岐国」であるのに愛媛県であることから置県の変遷をとらえることも

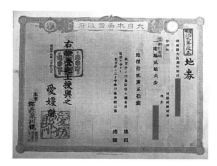

【地券】（山下個人所有）

できる。「宅地」という記載からすべての土地に課税されたことなど、たくさんの情報を与えてくれているのである。一筆ごとに発行された地券の総発行枚数がどれくらいになるのか、想像させることも楽しいのではないか。

4　確かな教育内容を

　児童生徒に「確信」を持って指導しているだろうか。教育内容を確信することによって指導理念が確立するものと考える。揺るぎない教育内容の認識を常に追求する意識を持つ教員の「プロ」意識の高揚を期待している。

【引用・参考文献】
片上宗二 (1995)『オープンエンド化による社会科授業の創造』　明治図書出版
中央教育審議会 (2012)「新たな未来を築くための大学教育の質的転換に向けて～生涯学び続け、主体的に考える力を育成する大学へ～（答申）」
中央教育審議会 (2016)「幼稚園、小学校、中学校、高等学校及び特別支援学校の学習指導要領等の改善及び必要な方策等について（答申）」
向山洋一 (1982)『跳び箱は誰にでも跳ばせられる』　明治図書出版
向山洋一 (1985)『授業の腕をあげる法則』　明治図書出版
TOSS officialsite　http://www.toss.or.jp./information（平成29年3月8日最終確認）

（山下隆章）

Ⅲ 言語活動の充実を図る授業づくり
～小学校国語科を例にした教材研究の在り方～

「国語はどのように授業すればいいのかよく分からない。」、「教科書には教材文と簡単な学習のてびきがあるだけで、具体的な授業をイメージすることが難しい。」という声をよく聞く。「教材文の内容を理解させるだけではいけないことは分かっているのだが……では、どうすれば……」

それを解決していく一つの方法が、いわゆる言語活動の充実を図る授業づくりである。

1 言語活動の充実について

言語活動の充実については、現行の学習指導要領にも、子どもの思考力・判断力・表現力等を育む観点から、言語に関する能力の育成を図る上で言語活動の充実が必要であると記されており、各学校においても、各教科等で付箋紙を使って話し合ったり、ポスターなどを作成して発表したりする言語活動の充実を意図した様々な実践が報告されている。そのような中、文部科学省は、「次期学習指導要領等に関するこれまでの審議のまとめ」(2016)において、言語活動のこれまでの成果や課題を踏まえ、これからの言語活動の充実を図る授業づくりの方向性をおおよそ以下のように示している。

○ 「その活動で何を実現しようとするのか」という観点から、授業の中での言語活動の位置付けを一層明確にすること。

○ 数学的活動や理科や社会などの問題解決的・探究的な活動など、各教科の学習過程において、言語活動を効果的に位置付けること。

○ 言語活動が学びを深めるものとするためには、授業の冒頭に見通しを持たせ、最後に振り返りをすることの重要性について理解を徹底することが必要。

つまり、言語活動を行うこと自体が目的になってはいけないということ。さらには、各教科等の学習過程における位置付けを明確にすること等が、留意点として挙げられている。

とりわけ、国語科の授業は、言語活動そのものが学習内容となるために、言

語活動を二つの側面から捉えておかなければならない。一つ目は、国語科の授業の中で行われる、「話す・聞く」、「書く」、「読む」といったそのこと自体が言語活動となるものである。当然、国語科の授業においては、これらの質そのものを高める必要がある。二つ目は、授業のねらいにつながる言語活動である。例えば、ある本の面白さやすばらしさを紹介する際に行われる「ブックトーク」や「読書新聞づくり」、「本の帯づくり」。また、登場人物の心情に迫るために行われる「ペープサート」や「音読劇」などがそれにあたる。ここでは、後者を言語活動と捉え、国語科の授業における、言語活動の充実を図る授業づくりの在り方について考えていく。

2 国語科における言語活動の充実を意識した授業づくりの一例
(1) 単元で付けるべき力を見極めること

まずは、本単元の学習を通してどのような力を子どもたちに付けたいのかを学習指導要領の指導事項レベルで決定することから始める。「話すこと・聞くこと」、「書くこと」、「読むこと」のどの領域の、どの指導事項を取り上げるのかを熟考するのである。その際、一つの単元で重点的に取り上げる指導事項は、一領域の場合もあれば、複数領域にまたがる場合もあるが、大切なのは当該学年で学習するべき指導事項に漏れがないように、年間を見通して、しっかりと指導計画を立てることである。

この段階で重要なことは、学習者である子どもの実態把握である。例えば、

- これまでの授業では、どのような学習目標を立て、どんな言語活動で指導したか。
- そして、子どもたちにはどんな力を身に付けているか。
- まだ十分身に付けていない力には、どのような力があるか。

などである。

これらは、教師の指導実態の自己評価にもつながり、自らの授業改善を進めていく際の大切な手がかりにもなる。

(2) 言語活動の種類や特徴を分析すること

次は、設定した付けたい力を育成するのにふさわしい言語活動を適切に選ぶのである。そのためには、言語活動の種類やその特徴を十分に理解しておく必

要がある。例えば、「音読劇」と「絵本づくり」は、どちらも「読むこと」に関わる言語活動であるが、その特徴は異なる。「音読劇」は、文章を声に出して読むことにより、登場人物と同化し、心情に近づくことができる。そうすることで、内容理解へとつないでいく言語活動である。それに対して「絵本づくり」は、教科書の挿絵を活用するなどして、せりふには表れない登場人物の心の声を吹き出しに書かせたり、表情を想像させたり、情景を書き加えたりしながら、心情に深く迫り、内容理解へとつないでいく言語活動である。

　このように、それぞれの言語活動にはそれぞれの特徴があり、その内実を十分に理解しておくことが大切である。そのうえで、その単元の学習目標や指導すべき事項、そして、指導するクラスの実態を踏まえながら、慎重に言語活動を設定しなければならない。「楽しそうだから」とか、「私にもできそうだから」というだけでは、国語科のねらいにそった、国語の力を育成する授業は展開できない。

(3)　子どもが学習の見通しをもち、課題を解決していく学習とすること

　言語活動が決定されると、その言語活動をより充実させるために必要な諸能力をリストアップし、それらを育成できる学習指導過程を構想していくことになる。例えば、「本の帯を作って大好きな本の紹介をする」という言語活動を設定したとすると、この言語活動を遂行するためには、「紹介したい本の内容や構成全体を理解しながら読むこと」、「登場人物の心情の変化を場面や情景の移り変わりと関連づけながら読むこと」、「心に残ったできごとやせりふをおさえながら読むこと」などの多様な能力が必要になる。つまり、子どもは、一貫して「本

の帯づくり」を進めていくという課題意識（見通し）をもって学習に取り組んでいるが、細かく1時間1時間の授業をみていくと、あらすじをまとめたり、登場人物を大きく変えたできごとを発見したり、心に残った表現を整理したりしながら物語を読

Ⅲ　言語活動の充実を図る授業づくり～小学校国語科を例にした教材研究の在り方～

んでいくのである。そして、1時間1時間で学んだことを生かして本の帯を仕上げていくという単元構成となるのである。当然、帯を作り上げていく過程で、それまでの学びを自ら振り返ることもある。このように学習に一貫性をもたせることで、学びに見通しをもったり、振り返ったりすることを主体的に行える子どもを育成することにもなる。

　ここで大切なことは、学習のゴールの姿を明確にすることである。この単元で何ができるようになればいいのか、何が分かればいいのか、この時間ではどんな力がついているのか、これらのことを教師も子どもも意識しながら学習を進めていくことが重要である。

(4)　実生活に生きる、主体的な思考・判断を伴う学習展開とすること

　子どもの「大好き」、「お気に入り」、「なぜだろう」というような主体的な意識を重視することも授業づくりにおいて大切となる。このことはおそらく言語活動を設定する際にも十分に考えられているはずだが、主体的な思考・判断を伴う学習を展開することで、国語科の中だけに留まるのではなく、広く実生活で生きて働く力をつけていくことが期待できる。先に示したような子どもの主体的な意識を重視すると、自然と学習の場面も「報告したい」、「疑問を解決したい」、「友達と交流してよりよいものを作り上げたい」というような主体的な思考・判断を伴うような活動になっていく。例えば、大好きな場面を紹介する際に、心に響いた登場人物の気持ちの変化を見つけるために、何度も物語を読み返すことになる。教師が「○○ページを見直してみましょう。」などと言わなくても、主体的にそれまでに学んだことを想起しながら注意深く読み直す。さらに、見つけた場面が友達と違う時には、「なぜ、○○さんはその場面が心に響くのだろう？」という疑問が生じる。そこで交流活動が必要になってくるのである。そのような交流活動では、何のために交流しているのかが明確なので、活発な話し合いが期待できる。このような学び方を積み重ねていくことが、子どもの思考力・判断力・表現力等を育んでいくことになる。

3　言語活動とアクティブ・ラーニング

　このようにみてくると、次期学習指導要領の中で、授業観に関しての中心的位置付けとなるであろう「アクティブ・ラーニング」の要件として示されてい

る「主体的な学び」、「対話的な学び」と、現行学習指導要領下において、「生きる力」を育むために位置付けられた言語活動の充実を図る授業づくりの要件とは、重なる部分が多いということが分かる。

今後、国語科だけではなく、各教科等においても、その教育目標を達成するためには、見通しを立て、主体的な課題の解決に取り組み、振り返るといった学習の過程に、言語活動を効果的に位置付け、そのねらいを明確にすることとともに、アクティブ・ラーニングを構成する学習活動の要素を検討していくときにも、言語が学習活動の基盤となるものであることを踏まえることが大切な課題となる。そのような学習を通して育まれた言語の能力は、豊かな心を育むことや人間関係を形成する上でも、きわめて大切なものとなるはずである。

【引用・参考文献】
文部科学省中央教育審議会教育課程部会「次期学習指導要領等に関するこれまでの審議のまとめ」(平成28年8月26日)
文部科学省「小学校学習指導要領解説 国語編」(平成20年8月)
文部科学省教育課程課 編 (2013)「初等教育資料」6月号
水戸部修治 編著 (2011)『小学校国語科言語活動パーフェクトガイド 1・2年』(2011.7 明治図書)
水戸部修治 編著 (2011)『小学校国語科言語活動パーフェクトガイド 3・4年』(2011.7 明治図書)
水戸部修治 編著 (2011)『小学校国語科言語活動パーフェクトガイド 5・6年』明治図書

(田﨑伸一郎)

Ⅳ 教材研究を通して授業力を磨く
～算数・数学を例に～

1 算数・数学を楽しむ

> 右の図のように、碁石を正方形の辺上に同じ数ずつ並べる。
> このとき、全体の碁石の個数の求め方について考えてみよう。

　これは、中学校第1学年「文字と式」で教科書によく取り上げられる問題である。なお、文字式を学習していない小学校では、辺上に並べる碁石の個数を具体的に与えて、その総数の求め方を考えさせることになる。
　では、この問題には、どのような解決方法があるのだろうか。下の図は、実際に子どもが見つける求め方を示したものである。

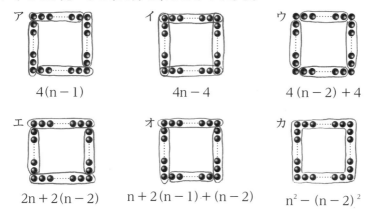

ア　$4(n-1)$　　　イ　$4n-4$　　　ウ　$4(n-2)+4$

エ　$2n+2(n-2)$　　　オ　$n+2(n-1)+(n-2)$　　　カ　$n^2-(n-2)^2$

　次に、正三角形、正五角形、正六角形、……と、碁石を並べる正多角形を変えて、上に示した6種類の求め方を比較してみる。そうすると、どの場合にも簡単に適用できるのは、アとイとウの求め方であることが分かる。
　また、全体の碁石の個数は、正三角形に並べると $3n-3$、正五角形に並べると $5n-5$、正六角形に並べると $6n-6$ になることから、n の係数が辺の数を、定数項が頂点の数を表していることも理解できる。

さらに、正四面体、正六面体、正八面体、……と、碁石を並べる図形を正多面体に変えてみる。そうすると、立体によって1つの頂点に集まる辺の数が異なることから、アとイの求め方は、すべての正多面体でそのまま使える考え方ではないことが分かる。したがって、ウの求め方が最も一般性のある優れた考え方であると結論付けることができる。

以上のことを踏まえて授業を組み立てると、子どもが考えた方法を取り上げるときの教師の構えも変わってくるだろう。見つけた求め方をどのように比べるのか、どの求め方を子どもたちに共有させるべきか、どのような順番に子どもの考えを取り上げていくのか、といったことが、より明確になっているからである。このことからも、質の高い授業をするためには、深い教材研究が必要不可欠であると言われる理由がよく分かる。だからこそ、教材研究を通して、教師が算数・数学を楽しむ姿勢を持ち続けることが何より大切なのである。

2 教材研究をどう進めるか

> きみは、三角形の相似条件を証明することができるのか。それができないようでは、一人前の数学教師とは言えない。

これは、私が教職に就いてから数年たった頃に、ある先輩教師から投げかけられた、忘れることのできない言葉である。それでは、授業をするにあたって日々の教材研究をどのように進めればよいのであろうか。ここでは、中学校第3学年「相似な図形」を例に、教材研究のポイントについて述べることにする。

(1) 学習指導要領等で指導内容を確認する

平成20年3月に告示された中学校学習指導要領には、「相似な図形」に関する内容が次のように示されている。

> 図形の性質を三角形の相似条件などを基にして確かめ、論理的に考察し表現する能力を伸ばし、相似な図形の性質を用いて考察することができるようにする。 ……　（以下略）

このことから、三角形の相似条件は、図形の性質を演繹的に推論するための根拠として位置付けられており、相似条件そのものを証明することが指導内容

とはなっていないことが分かる。では、相似をどう定義し、三角形の相似条件をどのように導けばよいのであろうか。

(2) 教科書の内容を比較・検討する

中学校学習指導要領解説数学編（平成20年9月）によれば、相似の定義として、①「一方の図形を拡大または縮小したときに他方の図形と合同になる」、②「対応する線分の比が等しく、対応する角がそれぞれ等しい」、③「適当に移動して相似の位置に置くことができる」の3つが示されている。

現在、中学校数学では、東京書籍、大日本図書、学校図書、教育出版、啓林館、数研出版、日本文教出版の7社の教科書が使用されている。それぞれの平成28年度用教科書は、表現に多少の相違はあるものの①を相似の定義として採用している。この定義が、相似な図形を作図する学習の導入として分かりやすいこと、曲線図形にも適用できて元の図形との対応が比較的はっきりしていることなどが、その理由である。したがって、三角形の相似条件については、決定条件をもとに作図した図形が相似になることを、三角形の合同条件を使って確かめ、3つの条件としてまとめることになる。では、なぜ三角形の相似条件が証明できなければ、一人前の数学教師とは言えないのであろうか。

(3) 指導のねらいに即した教材を選ぶ

数学の古典であり、人類の文化に何世紀にもわたって影響を及ぼしてきたユークリッドの『原論』では、「相似な直線図形とは、角がそれぞれ等しく、かつ等しい角をはさむ辺が比例するものである」として、「平行線と線分の比」を根拠に三角形の相似条件が証明されている。つまり、三角形の相似条件を証明しようとすれば、どうしてもその前に「平行線と線分の比」を学習しておかなければならないのである。こうしたことは、三角形の相似条件を証明した経験がなければ理解できないことであろう。

前述した、ある先輩教師の言葉の真意は、「教師が、教材がもつ本来の意味や背景などを十分に把握していなければ、指導のねらいに即した教材の選択や配列を適切に行うことはできない」ということなのである。

(4) 関係する資料を読み、仲間とともに学ぶ

「相似な図形」が、どのような数学的価値をもっているのか。なぜ、それを中学校で指導するのか。どんな資質や能力を伸ばそうとしているのか。これまで、

どのように指導されてきたのか。どのような順序で指導すればよいのか。指導にあたって、特に問題となる点は何か。それに、どう対応すればよいか。実践した結果はどうであったか。今後どのように改善すればよいか。……

　ここに記したように、教師として考えておかなければならないことは数多くある。そのためにも、数学や数学史に関する書物、実践に関する記録、過去の学習指導要領など、関係する書籍や資料に幅広く目を通しておく必要がある。

　私は教師になって以降、ずっと中学校の数学教師の同好会である『木曜会』に所属している。教材研究の方法や授業構成の仕方、子どもの思考様式など、この会で学んだことが貴重な財産となっている。このように、仲間や同僚と切磋琢磨しながら、研究に取り組める機会や場をもつことも有意義である。

3　授業力を磨くために

　算数や数学の授業を参観して落胆することがある。それは、教師が教科書を丁寧に分かりやすく子どもに解説している授業を見たときである。言い換えれば、教科書や教師用指導書だけを頼りにして、教材研究をしたつもりになっている教師が存在するという事実に対してである。

　授業が成立するための要件として、一般的には次の3つが挙げられている。

○　子どもが学ぶべき価値のある内容をもった<u>教材</u>
○　子どもの主体的な学びを支え、教え育てる<u>教師</u>
○　主体的に価値のある内容を学ぼうとする<u>子ども</u>

　このような教材、教師、子どもの3者が互いに響き合ったときにこそ、始めて質の高い授業が生み出されたと言えるのである。教師が学ぶ姿勢をなくしたとき、子どもの学びや成長も止まる。このことを肝に銘じながら、教材研究に励みたいものである。

　教材研究は労多く、地道な営みである。しかし、それを的確に、継続的に行っていけば、必ずや教師の授業力の向上につながる。さらには、子どもの学びの質を高め、より充実したものに変えてくれるはずである。

【引用・参考文献】
文部科学省(2008)「中学校学習指導要領解説　数学編」教育出版、117頁
中村幸四郎他訳(1971)『ユークリッド原論』共立出版　　　　　　　　（大西孝司）

V　発問と指示、助言について見直そう

　授業を行うために、言葉を発することは欠かせない。言葉を発することによって、授業は進んでいく。しかし、教師が言葉を発すれば発するほど子どもたちの活動は奪われる。授業で活躍するのは教師ではなく、子どもたちである。したがって、教師の言葉は、子どもたちのためになされなくてはならない。

　教師の言葉は少なければ少ないほど良い。そのためには、教材研究を積み重ね、子どもたちの実態を十分に把握し、本当に必要な言葉に絞り、言葉を発しなければならない。

　子どもたちの思考を深めるためには、大きく3つの手立てがある。まず重要なものは、「発問」、次に「助言」さらに「指示」である。特にこの3つについて見直しを図りたい。ここでは、特に発問を中心に考える。

「発問」とは

> 授業用語の一つ。子どもの知的開発を目的として発せられる教師からの問いあるいは問題である。その良否は授業の成否を大きく左右する。「質問」はわからないことを問うが、「発問」は教師が既にわかっていることを問い、子どもの思考活動を促すものである。(※1)

　『国語教育辞典』によれば、「学習意欲を喚起し、かつ確かな学力を形成できる良問をつくるには次のような配慮が必要」であるとある。

①　子どもの実態、現水準の少し上をねらったややむずかしい問い
②　易から難への発展が考えられている問い
③　解が明らかになることによって、子どもに向上的変容が保障される問い
④　何が明らかになり、何が解決したのかということが、子ども自身に具体的に自覚できるような問い

また、「学習意欲を高める発問の条件(※1)」として、

①　一問多答
②　子どもの興味や関心の延長線上にある問い
③　すっきりと解決できる問い

とある。では、みなさんは、次のどちらかチェックをしながら、発問について考えてほしい。

第2章 授業力の向上をめざして

南小学校の、池田先生と多田先生。発問について二人を通して考えてみてください。

授業中は共通語？方言？

動作

顔

V　発問と指示、助言について見直そう

中心の発問

中心となる発問をしっかりと練って考えておくこと。思いつきはだめです。

発問か質問か

答えが限られるものは発問とは言いません。質問です。

発問には色々な目的があります。

深めていく。
確かにしていく。
共有させる。
一般化させる。
積み上げていく。
方向付けていく。
焦点化する。　　など

　中心となる発問に対して、子どもたちがしっかりとした考えを持てるよう、発問を考えなければなりません。考えを構築していけるよう、順序立てて発問していかなければなりません。
　そのためにも、話し合い活動の話題を子どもたちとともに考え、方向付けられるよう、発問を練っていきたいものです。

第2章　授業力の向上をめざして

発問後に気を付ける。

1　発問後、受容＋賞賛
「そうだね。よく覚えていたね。」

2　発問後の発言に対するさらなる問いかけ
「線！」「〇〇さん、もう一度言ってください。」→話を聞かせる、重要点を確認する、強調するなどの効果がある。

3　単語で発言していないか
「かたち」「線」→「形です。」「線だと思います。」

4　発言に対しておうむ返しをしない。
「かたち」→「そう形だね。」繰り返していると、子どもたちの発言を聞かなくなる。先生がもう一度言ってくれるからと子どもたちは思う。

5　発問後の対応
・発問した後の対応は学級づくりを円滑に進めるためには欠かせない。対応によって、子どもたちへの生徒指導ができる。
・子どもがやる気になる声かけを心がける。声かけをする。言われてやる気の出る言葉で賞賛する。
・どの学年でも効果的・・・「やればできる」「すごいね」
・学年が上がるにつれて効果的・・・「がんばったね」（※2）

6　子どもの答えに納得しない。さらなる発言を促す。
・教師の問いかけに、「同じです。」と答えたら、「同じ」で済ませず、自分のことばで言わせる。そうすると、新たな学びが生まれる。広がる。

7　目的にあった活動をしっかりさせる
「絵にはまだかかないよ。」観察をしっかりとさせる。指示が大切である。

【引用・参考文献】
※1 日本国語教育学会（2001）『国語教育辞典』朝倉書店、316頁
※2 公益財団法人日本教材文化研究財団（2016）「調査研究シリーズ63　家庭教育と親子関係に関する調査研究」、33頁
補習授業校教師のためのワンポイントアドバイス集（文部科学省「発問」）
http://www.mext.go.jp/a_menu/shotou/clarinet/002/003.htm#a15（2017.1.8）

（池西郁広）

Ⅵ 板書を考えることで授業を設計しよう

1 はじめに

　教員の仕事の中心はいうまでもなく授業であり、そのための準備には十分な時間をかけたいと誰もが考えるだろう。ところが、現状の学校現場では、授業準備にあてられる時間が十分確保できていないことが多い。ともすると授業の準備の優先順位が業務の中で最も低くなっていることはないだろうか。
　筆者もかつて同じ悩みを抱えていた。しかしあることをきっかけに板書形式の指導略案を作成するようになってから、少しずつではあるが授業のイメージを短時間で構想することができるようになり、準備も効率的に進められるようになった。本稿ではその概略や授業設計の一部を紹介したい。

2 板書による指導略案の枠組み
(1) 板書形式の指導略案とは

　筆者が板書形式の指導略案を作成するようになったきっかけは、中学校で学年4学級のうち3学級の数学を担当していた時、残りの1学級を免許外の教員が担当することになったことであった。免許外の教員に授業の進め方は説明しなければならないが、毎時間の指導案を書くような時間はとても確保できない。そこで1時間の授業でできあがる板書のイメージをノートに簡単にスケッチし、それを1週間分まとめて週末に説明することにした。

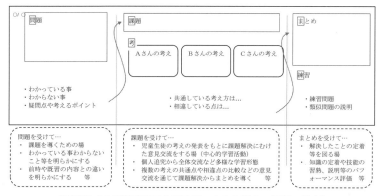

【板書形式の指導略案の枠組み例：左から導入・展開・終末】

この形式ならばノート1ページ上下に2時間分、見開きで1週間分相当の4時間分を簡単に示すことができる。毎週末にこれを見せながら授業を進めるための発問や指示を説明し、学習プリント等の教材を渡していたのである。

(2) 板書形式で指導略案をつくることのよさ

そもそもは説明の必要に迫られて始めた指導略案づくりであったが、毎週続けることで、筆者自身も短時間で的確な授業構想を描くことができるようになった。板書形式のよさとして、まずは授業全体を構造的に描けることがあげられる。授業全体を俯瞰することで指導の軸がぶれることも少なく、児童生徒にとっても1時間の学びを板書全体により振り返らせることができる。また、導入・展開・終末の各ブロックを、どのような発問や学習活動で進めていくのかもイメージがしやすい。さらに3ブロックによる授業の枠組みは維持しつつ、学習内容に応じて学習活動の具体を入れ替えるといった、授業デザインの作業もしやすくなり、時間をかけずに準備が整うようになっていった。以下、算数・数学の授業をイメージしながら略案の作成の流れを紹介する。

3　板書形式の指導略案作成の実際

実際に略案を作成するにあたっては、導入・展開・終末の各ブロックの具体を考える前に、まずは教科書等を十分に読み込み1時間のねらい＝出口を明確にする必要がある。例えば、新しい計算の仕方を考えることを出口とするのか、それとも筆算の書き方を知り正しく計算ができるようになることが出口なのか。そうした検討から、終末ブロックでのまとめにあたる部分（評価規準といってもよい）を明確にイメージできれば、さかのぼって、展開ブロックでの学習活動や課題の文言、さらには課題を引き出すための導入ブロックでの問題提示の方法等が見えてくる。板書そのものは授業の進行に合わせて左から書かれるが、授業を構想する段階ではまずは右側から考え始めるのである。その上で全体として導入から終末まで1時間のねらい＝出口に向ってぶれることなく筋が通っていることを確認すればよい。

(1) 導入ブロックの検討

導入ブロックを考えるにあたってのポイントは「いかに学習課題につなぐか」「児童生徒の課題意識をいかに生み出すか」である。板書としては、まず教科書

Ⅵ　板書を考えることで授業を設計しよう

などから本時の問題を示し、提示された問題の下に、問題理解のための発問や課題づくりのための発問に対する児童生徒の発言を板書として記すことになる。

問題理解のためには「わかっていることは何か」「聞かれていることは何か」といった発問が考えられる。事象が複雑であれば図に表すことや立式などもここで必要となるであろう。

さらに課題づくりのためには「聞かれていることを明らかにするには何を考えればよいか」「前時や既習内容と比べて違うところはどこか、新たに困ることは何か」などを発問することで、本時に解決しなければならない課題が明確になる。

これらの発問に対する児童生徒の発言を導入ブロックに板書として残すことで、課題がより児童生徒自身のものとなる。あとは、問題理解をより確実にするための工夫や、課題を解決したくなるような提示の仕方の工夫を考えればよい。

(2)　展開ブロックの検討

このブロックは実際の授業ではさらに前半の個人追究（個の学習）の場面と後半の全体交流（集団の学習）とに分かれることが多い。板書として表現できるのは、後半の全体交流であるが、ここでどのような話し合いをさせたいのか？をイメージすることは、前半の個人追究で何を考えさせたいのか？どのような方法で考えさせたいのか？をイメージすることと表裏一体である。

後半の全体交流の中で、例えば複数の児童生徒の考え方を比較・関連・統合をさせたいというのであれば、板書には代表的な児童生徒の考え方を提示し、それらの相違点や共通点を問うことで課題解決の考えをまとめることが

できる。この例では3人の考えを並列に並べているが、学習内容によって比較させやすいように、意図的にグルーピングをしたり、上下に配置したりする等の工夫も考えられる。

(3) 終末ブロックの検討

まとめを受けて、本時身に付いた力を見届ける活動を位置付けるブロックとなる。評価問題として例えば類題に取り組む、計算等の習熟を図る等を用意することが多いが、例えば既習事項を生かして計算の仕方を考えることをねらっていたのであれば、展開ブロックの全体交流

で解決した計算の仕方を、再び個で説明を書いたり話したりする活動を位置付けることも考えられる。最初に想定した1時間の出口の姿を見届けられる活動を工夫したい。

4 終わりに

板書形式で指導略案を作成するようになってから、授業でも精神的に余裕が持てるようになったことを筆者は記憶している。授業の全体像と出口が頭に入っているので、途中で多少想定と異なる児童生徒の反応があっても、余裕を持って切り返すことができるようになったことがその主な理由だった。もちろん略案でなく指示・発問等を詳細に準備した指導案を作ることも大切であるが、こうした略案作成を繰り返すことで、授業の全体像を描くこと、出口に向って筋の通った授業の組み立て方が身に付くことを期待したい。

一方、略案で授業を構想できても、それを実際の授業として成立させていくには、細かな指導技法を学ぶことは当然必要である。板書の技法でいえば文字の色形大きさ、配置、囲みや線、提示資料、ネームプレート、小黒板やホワイトボードの活用などあるが、それについては、本稿では紙面が尽きている。配置や線については、今回の板書形式の指導略案でもある程度は示しているが、これは発問等の技術とも関連している。本事例のような略案作成であれば大きな負担にはならず継続的に取り組むことができる。継続する中でそれらの指導技術も含めた指導力の向上に役立てば幸いである。

（日比光治）

Ⅶ　アクティブ・ラーニングを生かした授業改善

1　アクティブ・ラーニングとは

　アクティブ・ラーニングとは、文部科学省の用語集では「教員による一方的な講義形式の教育とは異なり、学修者の能動的な学修への参加を取り入れた教授・学習法の総称」と定義されている。さらに、「学修者が能動的に学習することによって、認知的、倫理的、社会的能力、教養、知識、経験を含めた汎用的能力の育成を図る」とされている。キーワードとして第1に「学びへの能動的参加」、第2に「汎用的能力の育成」が、浮かび上がってくる。

　また、アクティブ・ラーニング研究の第一人者である溝上慎一氏は、知識伝達型の講義を聴くといった受動的学習を乗り越える、あらゆる能動的な学習であり、書く・話す・発表するなどの活動への関与と、そこで生じる認知プロセスの外化を伴う、としている。目には見えない思考の過程を可視化する「活動」と「認知プロセスの外化」がキーワードとなっている。

　具体的な学習形態として、発見学習、問題解決学習、体験学習、調査学習、グループディスカッション、ディベート、グループワーク等が挙げられるが、大切なことは、学習活動の外形ではなく、学級の全ての子どもたちがアクティブ・ラーナーになっているかどうかである。

　これまで、学校教育に関する議論は、「どのように教えるか」といった指導の内容や方法に重点が置かれてきた。しかし、アクティブ・ラーニングでは、子どもたちがどのように学び、何が身に付いたのか、といった学びの結果に重点が置かれている。子どもたちが、能動的に学習に参加し、将来にわたって使うことの出来る能力を身に付けることが求められている。

　力量のある教師の良い授業には、こうした要素が必ず含まれている。大人になったとき思い出す授業とは、わくわくする課題に出会って、友達と試行錯誤の末、やっとたどり着いた答えに手応えを感じた瞬間ではないだろうか。これまでの取組をアクティブ・ラーニングの視点から捉え直し、その学習経験が人生を豊かにするような授業づくりを目指したい。そうした学びの体験を通して得た学力は、知識の断片にとどまらず、様々な場面に転移しうる汎用的能力になるのである。

2 アクティブ・ラーニングが求められる背景

　これからの日本社会の最大の課題は、人口減少である。中でも生産年齢人口の減少は深刻で、2060年には現在の約半数まで減少すると予想されている。私たちがこれまでの豊かさを維持しようとすれば、一人が2倍の利益を生み出さなければならない計算になる。ところが、世界のGDPに占める日本の割合は低下しており、すでに中国に追い越されている。今後、人工知能による技術革新やグローバル化の進展が確実に迫る中、未知なる課題に適切に対応し、新たな価値を創出できる人材の育成が、国家レベルで求められているのである。

　次期新学習指導要領は、子どもたちが社会の最前線で活躍する2030年をターゲットとしており、身に付けるべき資質・能力について、教科や校種の枠を越えて議論されてきた。中央教育審議会における議論では、育成すべき資質・能力として、①生きて働く「知識・技能」の習得、②未知の状況にも対応できる「思考力・判断力・表現力等」の育成、③学びを人生や社会に生かそうとする「学びに向かう力・人間力等」の涵養、の三つを挙げている。

　このような資質・能力を身に付けるために登場したのが、アクティブ・ラーニングである。人は、課題に直面したとき、自分が学んできた経験をたどりながら、最適な答えを探そうとする。人から聞いただけの話しはすぐ忘れるが、苦労して体験したことは、一生忘れないし、他の場面でも応用できる。自ら進んで学び取ったことだけが、将来、役立つ知識や技能となるのである。こう考えると、授業においても、聞いて覚えるだけの知識獲得ではなく、能動的に学習し自ら納得できる答えを見つける体験が不可欠なのである。

　これまでの学習指導要領は、学習すべき内容を教科ごとに順序付けて整理したコンテンツ中心であった。これに対し今回の議論は、資質・能力を中心としたコンピテンシー育成に重点が置かれていることは、大きな転換点と言ってよい。

　われわれ教師も、今日の授業が子供たちの将来にどのようにつながるかを考えながら授業づくりを進めなければならない。子どもにとって必要となるであろう力を付けるために最適な方法を選んだ結果が、アクティブ・ラーニングであった、と言える授業づくりを進めることが大切である。

3　アクティブ・ラーニングの3つの視点

　中央教育審議会答申第197号(以下答申)では、アクティブ・ラーニングの視点として、「主体的・対話的で深い学び」の実現が挙げられている。

(1)　主体的な学び

　答申では、「学ぶことに興味や関心を持ち、自己のキャリア形成の方向性と関連付けながら、見通しを持って粘り強く取り組み、自己の学習活動を振り返って次につなげる」ことを「主体的な学び」としている。

　ここで注目したいことは、「学び」と「自分の将来」を結びつけている点である。また、そうした学習サイクルを学習者自身が作ることを求めている点である。その根底には、「学校教育は生涯学習の起点である」という考え方がある。将来、子どもたちが、一人で学び続けることができるためには、学校の授業が、児童生徒自身の主体的な学び方のトレーニングの場でなければならない。

(2)　対話的な学び

　答申では、「子供同士の協働、教職員や地域の人との対話、先哲の考え方を手掛かりに考えること等を通じ、自己の考えを広げ深める」ことを「対話的な学び」としている。

　ここでは、自分自身の考えを「広げる」ことと、「深める」ことの大切さが示され、その方法として、子供同士、教職員、地域住民、先哲などとの対話が挙げられている。学校を小さな社会と捉え、そこにいる人々の立場の違いや多様性を認め、対話によって思考を深めながら、課題を解決する経験が大切であることを示している。

(3)　深い学び

　答申では、「習得・活用・探究という学びの過程の中で、各教科等の特質に応じた「見方・考え方」を働かせながら、知識を相互に関連付けてより深く理解したり、情報を精査して考えを形成したり、問題を見いだして解決策を考えたり、思いや考えを基に創造したりすることに向かう」ことを「深い学び」としている。

　ここでは、思考のツールとして、各教科固有の「見方・考え方」を使い、課題を解決したり、新たな価値を創造したりすることの大切さが示されている。

第2章　授業力の向上をめざして

4　アクティブ・ラーニングの視点を取り入れた授業づくり

　筆者は、「主体的、対話的、深い学び」の三つの視点を、それぞれ授業の「導入、展開、終末」の各段階で重点化することにより、日常の授業をアクティブ・ラーニング化することができると考えている。

　まず、導入段階では、子どもたちの経験や生活、あるいは既有の情報の中から課題を見出し、教科等の学習と結びつけて「自分のこと」と受け止められるようにする。子どもたちが、「今日の授業は自分のためになる」と考えることが、「主体的な学び」の第一歩である。授業が子ども自身にとって切実なものになるためには、「学び」と「くらし」が結びついていなければならない。

　次に、展開段階では、自分とは立場の異なる他者と共に対話する場面を設定する。学習における他者の役割として、①意見を話す相手、②意見を聞く相手、③新たなアイデアを生み出す相手、の三つが考えられる。他者に対して意見を話すことで、自分の考えがまとまったり深まったりする。また、意見を聞くことで、新たな視点に気付き、考えが広がる。さらに、異なる意見の中から、解決に向けたより高次なアイデアが生み出される。

　さらに、終末段階では、様々に提示された意見を分類したり、関連付けたりする中で、身に付けるべき知識を確認するとともに、一般化したり概念化したりする。その結果、教科としての見方や考え方が磨かれ、他の場面にも転移する汎用的能力が育成されるのである。

　アクティブ・ラーニングが求めているものは、授業の形ではなく、授業改善の視点である。これまでに行われてきた授業を、時代の要請に応じて、アクティブ・ラーニング化していくことが、最も手近で実効性のある授業改善である。また、教師自身がこうした視点で学び続けることで、子どもたちにとって最も身近なアクティブ・ラーナーのモデルとなると考えている。

【お薦めや参考になる図書】
溝上慎一 (2014)『アクティブラーニングと教授学習パラダイムの転換』東信堂
教育課程研究会 (2016)『アクティブ・ラーニングを考える』東洋館出版社
日本教育方法学会 (2016)『アクティブ・ラーニングの教育方法学的検討』図書出版
中央教育審議会答申第197号 (2016.12.21)

（前原隆志）

Ⅷ 学習スタンダードづくりによる組織的取組

1 学習スタンダードとは

小学校では、学級にそれぞれのカラーがある。学級担任が強い思いを持って学級づくりをすることは大切なことだが、それが、担任の独りよがりになってしまい、固定化してしまった状態を「学級王国」と呼ぶ。

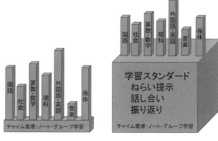

【図1 学習スタンダードの構築】

一方、中学校や高校では、教科にそれぞれのカラーがある。教科の特性がそれぞれ異なるのは当然だが、授業の進め方が教員によって大きく異なると、困るのは生徒である。また教員も、授業研究などで、「他教科のことは専門外でわからない」として、十分な意見交換ができない場面が見られる。こういった状況を「教科の壁」と呼ぶ。

図1は、こうした状況をモデル的に表現したものである。左図のように、教職経験の長短等により、指導力に差が生じるのはどの学校でもみられる課題である。しかし、そのばらつきを教員の責任とし、個人的な努力と工夫に頼っていたとしたら、学校はどうなるだろうか。

指導力が十分でない教員の受け持つ教科や学級は、やがて授業崩壊を起こし、管理職や力のある教員がその教室に張り付かざるを得なくなる。対応が後手に回り、指導力のある教員でさえも創造的な取組をする余裕がなくなる。

そうならないためには、どの教室のどの教科の授業においても、守るべき学習規律を定め、最低の学習水準を確保することが必要である。これが右図に示した学習スタンダードである。こうした水準を確保した上に、担任の持ち味や、教科の特性を生かした取組を上乗せすれば、崩れない学級・学校ができあがっていく。「学級や教科によるばらつきがないか」という視点で全ての学級の子どもたちの姿を見ると、学校のスタンダードが形成されているかどうか見えてくる。

第2章　授業力の向上をめざして

2　学習スタンダードづくりに向けて

　学校の学習スタンダードを、どのようにして作れば良いのだろうか。
　教育の世界には、優れた実践は数え切れないほどたくさんある。しかし、その全てが実施できるわけではないし、また実施したとしても、自分の学校に合うとは限らない。結局、自校のスタンダードは、目の前の子どもたちを見据えて、教師それぞれの経験に即して作っていくしかないのである。
　ところが、教師個人の優れた取り組みは、同じ学校に勤務していても、なかなか共有されない。学級王国や教科の壁は、想像以上に強固である。学習スタンダードの設定と共通実践は、こうした壁を取り払い、風通しを良くする取組である。
　もちろん、一人一人の教師は、「楽しく、よくわかる授業をしたい」、「よりよい学級を作りたい」と真剣に考え、継続的に取組を進めている。しかし、それが一人の教師だけにしかできない手法であるなら、名物教師の名人芸として、その場限りの指導に終わってしまう。
　そこで、力量のある教師の優れた取組や、効果を生み出す要素を洗い出し、他の教師と共有し、どの学級でも実施していくことで、そのノウハウを学校に根付かせることが必要なのである。その意味で、学習スタンダードを設定することは、「教師個人に付くカリキュラムを、学校に付くカリキュラムへ」と転化する作業でもある。
　実際の手順としては、教師全員が、指導をして効果のあった取組を列挙する。年齢や経験の長短により、ベテラン教師の豊かな経験と、若手教師のもつ先進性や子どもとの親和性が相まって、実体験に基づいた、その学校にしかない成功事例が蓄積されていく。
　これらを、分類・整理すると、スタンダードとして設定すべき項目が明らかになる。その中から、実際に全学級で実施する内容を絞り込む。この段階で、全教師の十分な協議を進めることにより、理念が共有され、指導の具体的方法と徹底すべき基準ができあがっていく。これが全教職員と全校児童生徒に共有されることで、教師の転勤や進級によるクラス替えがあっても、良い規律が「当たり前」の事として定着するのである。学校の組織的取組とは、こうしたスタンダードを創り出し、マイナーチェンジを繰り返しながら練り上げていく活動

である。

3　授業づくりの課題

教師が授業改善の工夫をしているにもかかわらず、なかなか成果が現れてこない学校の授業を見ていると、以下のような課題が見えてくる。

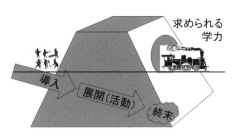

【図2　授業づくりのイメージ】

まず、導入に時間をかけすぎて、学習課題がなかなか見えてこない。本時の学習とは関わりのない前時の復習に時間を費やし、授業冒頭から子どもたちをネガティブにしてはいないだろうか。子どもたちの興味・関心を高めようとネタの新奇性を追う余り、次の学習活動につながらないものになっていないだろうか。

また展開部で、子どもたちの活動が長引き、学習内容の理解や思考の深まりにつながっていない。グループで活動し、その発表をするだけの授業となっていないだろうか。

終末部では、子どもたちの考えや発表内容が未消化なまま時間切れとなり、身に付けるべき知識や概念に到達していない。「みんな違って、みんな良い」としてしまったことが、結局「どうでもいい」ことになっていないだろうか。

こうした課題の大きな原因は、子どもたちが身に付けるべき学力を、教師自身が明確にしていないことが挙げられる。授業を終えたとき、「これが出来るようになっている」という見通しを持ち、それに向かって、導入をコンパクトにし、展開でねらいに即した活動を仕組み、終末はシンプルにまとめ、学力の定着状況を確かめる、という流れが必要である。

授業というトンネルを掘り進めるにあたり、出口である「身に付けるべき学力」を見極め、逆向き設計の発想をもつことが求められている。

4　授業改善に向けて

近年、研究授業後にワークショップ型の研究協議をする学校が多くなってきた。教師が授業を参観して気付きを付箋にメモし、授業後にグループで付箋を模造紙に貼りながら、意見交換をする協議形式である。

貼り付ける台紙となる模造紙には、図3に示すような「概念化シート」と呼ばれる形式がよく用いられる。これは、左右に「児童生徒」と「教員」、上下に「成果」と「課題」を置き、気付きが書かれた付箋を4つの象限に分類して、授業を分析するものである。

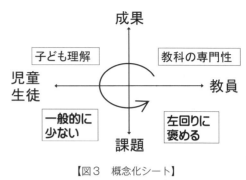

【図3　概念化シート】

概念化シートを授業改善に生かす手法について、以下の3点を挙げたい。
①付箋を貼る場所の工夫
　付箋は、教員側に「教科の専門性」に関する内容を、児童生徒側に「子ども理解」に関する内容を貼る。授業分析の素材となる事実や気付きを、教えるべき教科内容と、学んでいる子どもの姿の両面で整理するための工夫である。
②児童生徒の課題への着目
　概念化シートを使った多くの研究協議に共通してみられる現象として、児童生徒の課題に関する欄に付箋が少ないことに気付く。望ましい児童生徒像と実態との差が教師に十分意識されていないことが原因である。その差を埋めるための「次の一手」を考えることが、授業改善の鍵となる。
③発表者は、左回りに授業を分析
　グループ協議の結果を全体に発表する際、概念化シートを「教師の成果」から左回りに説明すると、授業改善の道筋が見えてくる。説明は次のように進む。
　「今日の授業は○○先生のこんな工夫があってとても良かった。その結果、子どもたちは、こんなに素晴らしい学びの姿を見せてくれた。しかし、一方で子どもたちにはまだこんな課題がある。その要因は、教師の手立てとしてこの点が不足していたからだ。手立てをこう改善すれば、もっと授業は良くなる。」
　概念化シートを左回りに説明することで、教師の工夫を褒めながら、改善のポイントを示すことが出来る。その提案内容を全教師が共有することで、学校の新たな学習スタンダードが作られていくのである。

（前原隆志）

Ⅸ 子どものつまずきを生かした授業づくり

1 子どものつまずきに学ぶ教師～

「子どもはつまずきの天才である」東井義雄の言葉である。

東井は、子どものつまずきを教師にとって指導の見通しや改善の視点を得る絶好の機会として捉えようとした。子どもなりのつまずきの論理に沿ってつまずいているということに着目したのである。つまずきは「生活の論理」や「教科の論理」もしくは、その両者というように背景となる理由がある。個々のつまずきを大切にするとは、学習意欲や学力とも関係する「生活の論理」を踏まえて、一人一人の感じ方や考え方を大切にしようとすることなのである。

また、子どものつまずきに対する解釈は、教育実践への多様なアプローチを示唆してくれる。例えば、読者の学級でＡ君のつまずきや間違いにより、Ａ君以外の周囲の子どもたちも間違いの原因をともに考えて理解が深まったり、実は周囲の子どもたちも答えは導き出したが、その理由を明確に説明できないことに気付き、一層学びの本質をつかんでいったりした経験はないだろうか。子どものつまずきを子どもの側から問題にしていこうとする姿勢やつまずきを大切にし、それが生まれてきた論理に目を向けようとすることが重要である。教師は、子どもの初めのつまずきや間違いと学習を通してそれがどのように変わり、高まってきたかに不断の注目をしていきたい。まさに、子どものつまずきに学ぶ教師の姿を追求したい。

2 めざす授業を ～つまずきの予想と支援～

「あなたが考えるよい授業やすぐれた授業とは、そのために必要なこと、大切なことは。」という問いにどう答えるだろうか。次頁に教育実習を終えた大学生に聞いた一部を紹介する。○で示したところを見てほしい。子どものつまずきや疑問、分からないことを大切にしようとする姿が一部だが感じられる。つまずきを生かす授業、「言うは易く行うは難し」だが、意識して挑戦してほしい。

授業は同じ内容を扱っても、教師により展開も指導方法も変わってくる。そこには、教師の価値観・経験の違いや教材の見方・考え方の違い等も影響をしている。また、子どもの状態やクラスによっても違ってくる。だが、どのような

第2章　授業力の向上をめざして

授業であっても子どものつまずきが多様な場面で見られる。そのつまずきを深い理解や納得につなげる授業として、どのように生かすのかが問われてくる。まさに教師としての力量を発揮する場面である。自分自身のめざす授業を意識して向上をめざしてほしい。

よい授業とは？すぐれた授業とは？	そのために必要なこと、大切なこと
・子ども自身が学びたいと思える	・授業計画、教材研究をしっかり
・子どもの理解に沿った授業	・中心発問後の間を大切にする
・子どもの言葉に耳を傾ける	・児童の言葉をつなげて流れを創る
・友だちの考えを認めあえる	・先生が答えを一人で言わない
・何年も後になって記憶に残っている	・子どもの良い点をみつけ、ほめる
・学習の成果を生活に生かせる	・普段の学級経営を大切にする
・つぶやきを大切にする	・子どもから学ぼうとする姿勢
・子どもの目に先生が映っている	○子どもの思考を推測する
・あっ、そうかと思えるところがある	○つまずくところの予想
・最終的に学力が身に付いている	○子どもの今の状態を確認する
○気付き、つまずきを見逃さない	○発言しやすい空間をつくる
○子どもの「？」を大切にする	○あまり手を出さず、子どもが困っていれば手をさしのべる
○分からないことを正直に言える	

「教師は授業で勝負」と言われる。斉藤喜博は、授業を子どもと教師相互の「創造的発見」と「自己変革」の「実践の場」であるとも言う。つまずきにこそ、創造的発見や自己変革につながるヒントが潜在しているといっても過言ではない。つまずきを生かした授業づくりのためにも、前時までの学びの様子やレディネスを把握して、ある程度のつまずきを予想することが重要である。予想すれば、どのような支援が必要かを検討できる。また、想定外のつまずきにも柔軟に対応できる心の準備ができるのであろう。つまずきを生かして学ぶことで、創造的発見が生まれることにつながる。

【引用・参考文献】
東井義雄（1972）「学習のつまずきと学力」『東井義雄著作集2』明治図書
齋藤喜博（1990）『授業』国土社　　　　　　　　　　　　　　　　（植田和也）

X 校内研究で"授業力"を鍛えよう
～校内研究再興！再考！最高！～

　特に小学校現場では当たり前のように行われている校内研究。しかし、当たり前が罷(まか)り通ると、とかく形式になることがよくある。その形式にダウト！

　本稿では、筆者の四半世紀に及ぶ現場経験と干支の数程に及ぶ研究主任経験をもとに、校内研究の意義・価値・役割を再考し、校内研究を通した教師の授業力向上を目的に、あるべき姿の一端を示していきたい。

1 校内研究はなぜ必要なのだろうか？
（1） 最近の学校現場の実際

　現場教員時代は研究主任を務めることが多かった。研究主任を仰せつかった年度はじめの校内研究会で必ず先生方に聞くことがある。「昨年度の一年間、校内研究会での授業研究会を除いて、指導案が出され、授業を最後まで参観し、事後の研究協議会にまで残った研究会に何回参加をしましたか？」と。圧倒的に多いのは、何と１～２回である。殊に最近は、校務多忙化の中、公開研究会や授業研究会へ足を運ぶ人の数も減ってきている。クラスの子どもたちを置いて研究会に参加することができない状況にあることもその一因であると察することができる。さて、そうなると一番身近な研修の場は「校内研究会」ではないだろうか。もし、多くの授業を参観することで自らの授業力をアップすることにつなげることができるならば、校内研究を意義のあるものにしていくことが授業力向上の一番の近道と言えるのではないだろうか。

（2） 校内研究の役割

　校内研究の役割は何だろう？いったい何のために校内研究を行うのだろう？大まかに言うと３つある。一つ目は「今日的な教育課題の解決」のための校内研究である。今日的な教育課題への対応は現場が背負った使命でもある。ただ注意すべきは、アクティブ・ラーニングや小学校英語の立ち上げなどといった次々と矢継ぎ早に世を騒がせている課題にすぐに飛びつかないことである。キーワードに翻弄されないことが大切である。校内研究に必要不可欠なものは、子どもたちの実態である。子どもたちの実態をしっかり把握した上で研究

主題等を設定し校内研究を進めていくことが大切である。

　二つ目は「自己の実践の振り返りの場」としての校内研究である。自己の実践から、また他者の実践から改めて自身の授業改善の視点を求めていく姿勢が必要である。校内研究の一番の"肝"とも言える役割である。

　三つ目は「共同意識の喚起」である。校内研究を通して、学校の教職員の共同意識が喚起されることを期待したい。校内研究を核に学校がまとまっていくことが求められる。まさしく「チーム学校」への意識の喚起である。

　中学校や高等学校では、教科担任制のため「専門教科が異なるので校内研究での議論が深まらない」という話を聞くが、これは違う。「1時間の授業としてどうだったか」という視点で見合うことでも大いに議論は盛り上がる。教科の異なる教師だからこそ、新たな見方ができる。教科の内容や教材だけを議論の対象とするとどうしても限界があることを知っておくべきである。

2　自分なりの授業観をもって授業を参観すること

　よい授業とはどういう授業だろうか？これは教師によってそのとらえ方は異なる。同時に、そこにその教師の授業観の一端が表れていることが多い。「子どもたちが喜々と手を挙げて発表している授業」をよい授業と思う教師は、そのような授業を自身も目指しているはずである。「教師の子ども対応が上手な授業」がよい授業と感じている教師は、自身もそれに力点をおいた指導を行っているはずである。

　筆者の考えるよい授業の条件の一つは、「日々の授業の積み重ねが見える授業」である。これが垣間見られる授業はよい授業であると感じている。研究授業の際には、ここにセンサーの感度を上げて見ていることが多い。

　多くの学校では、4月当初に研究主任より研究主題等が提案され、一年間の向かうべき研究の方向性を全教職員で確認をしているはずである。そこからが勝負である。研究主題達成に向けての個々の教員の日々の取り組みが始まるわけである。研究授業はその経過の一端を参観し合うものであるという認識がまず必要である。とかく体裁のよい見せる授業が展開されていく。その日のために準備したことやものが総動員され、見栄えのよい授業が展開されていくが、ここに授業学級のそれまでの具体的な取り組みが見えなければ何の意味もな

い。先述した「日々の授業の積み重ねが見える授業」とは、4月からの取り組みの成果や指導の継続過程が見られる授業のことである。子どもの変容こそが一番の見取りの視点であろう。校内研究において授業を参観する際の視点の一つとしていただきたい。

3 研究協議会（事後研究会）の充実を

　研究授業が行われた後の研究協議会にこそ多くの学びがある。以前は、①授業者の自評　②質疑・応答　③指導助言というパターンで進んでいくことが多かった。最近、9割近くの学校で行われている研究協議会のスタイルは「付箋紙を用いたワークショップ型」の協議会である。参観者が授業観察の視点に基づいて成果面、課題面を色分けされた付箋に記述し、グループに分かれて意見交流を行うスタイルである。参観者個々の気付きが多様な視点から出されるため、自分にはなかった発言や気づきが出てきた時には勉強になる。また、少人数のグループに分かれて行うため、多くの参観者が意見を出せるという利点がある。ただし、意見が拡散されたまま終わることが多いためグループごと協議後には全体で十分なシェアリングの時間確保が必要になる。

　さて、この研究協議会に臨む際の心構えとしては、必ず質問・意見を述べようという姿勢で臨むことである。何かを発言しようと思えば、授業の見方

【付箋紙を用いたワークショップ型協議会】

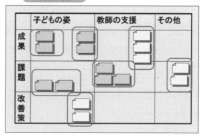
【付箋紙の並べ方の一例】

【多様な解釈を知る場となる研究協議会】

も変わる。若い教師はとかく遠慮してしまう傾向があるが、臆する必要はない。「お疲れさま」の言葉以上に価値がある言葉は研究協議会内での意見である。「研究協議会に参加している者の立場は対等である」という共通認識が図れていれば、学校長も初任者も研究協議会の中での立場は対等である。ベテランの教師なりの見方があるように、若い教師には若い教師なりの授業の見方があるはずだ。素な眼で授業を見ている点では若い教師から出される意見は新鮮であり、的を射た発言も多い。また、出される個々の意見は優劣を競うものではないという共通認識も必要だ。一部の発言力のある教師の意見が全て正しいわけではない。つまり、「授業の見方は十人十色」であるという構えで臨むことが大切である。

　次に発言する際に大切なことを述べる。発言する際には授業内における事実を根拠に語ることである。そのためには授業観察時には授業記録を丁寧にとることを勧める。事実を根拠に語られないと論が宙を飛ぶことになる。「大変素晴らしい授業でした」「子どもたちが活発に意見を発表している活気のある授業でした」では議論にならない。事実を根拠にその見方や解釈のすり合わせを協議しなければ意味がない。可能であれば、研究協議会は授業が行われた教室で、板書を残したままの状態で行うとよい。議論が具体的になる。

　この研究協議会は、参観者の学びに寄与することが多い。授業を公開することで授業者は多くのことを学ぶのと同じように、授業を見ることで参観者は多くのことを学ぶ。他者の多様な授業の見方を知ることは、特に若い教師にとっては授業を公開することと同じくらい価値のあるものである。

4　校内研究最高！と思える教師に

　本稿タイトルに「授業力」という言葉を付した。ここでいう授業力とは、校内研究において自分の授業を披歴すること、他者の授業を批判的（非難ではない）に見ることを通して鍛えていきたい授業構成力、授業展開力、授業観察力、授業分析力……全てを指している。個人研究にはやはり限界がある。共に学ぶ仲間の存在はやる気と楽しさを運んでくるものである。若い教師には、新たな視点で、斬新な発想で、果敢な挑戦で校内研究を盛り上げていってほしい。子どもたちは教師の放つオーラを敏感に感じるものである。校内研究最高！と思える教師の姿勢は必ずや子どもたちに乗りうつるはずである。　　　　（一瀬孝仁）

XI 研究授業に臨む際に大切にしたいこと

1 授業者として研究授業に臨む際に

> Q：授業をデザインする際に留意したらよいことはどんなことですか？

> A：○系統性をとらえる　　　　　　○思考・判断・表現を促す
>   ○かかわり合いを深化・活性化する　○目的に合った振り返りを設定する

(1) 留意点1：系統性をとらえる

　授業をする際には、これまでの学びとこれからの学びを意識して、子どもの「今」をとらえる必要がある。子どもの「今」は、「過去」の学びで生み出されたものであり、「今」の学びは子どもの「未来」を創造する。それゆえに、系統性を意識することが大切なのである。研究授業終了はゴールではない。子どもの学びと育ちを保障し続けるための術を身に付けよう。

　以下に、算数科「ひし形の面積の求め方」(第5学年)を例に挙げる。

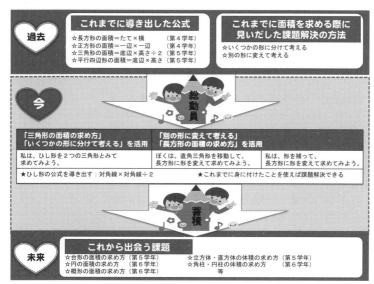

【ひし形の面積を求める際の子どもの「過去・今・未来」(例)】

(2) 留意点２：思考・判断・表現を促す

拡散的思考を促すことが着地点でない授業においても、「気付いたことを挙げましょう」「比べてみましょう」と安易に子どもに投げかけていないだろうか。これでは、思考・判断するための拠り所がないので、子どもは、課題解決の見通しをもつことができず、表現にも向かうことができない。

以下に、思考・判断を促す活動例・発問例・留意点について紹介する。

【思考・判断を促す活動例・発問例・留意点】

活動例	発問例	留意点
立場を提示する	○△□の中で、どれがこの物語の主題にふさわしいと考えるか	提示する立場の数を吟味する
比較する	○△□の視点から比べると、どのような共通点や相違点があるか	目的に合った比較の視点を共有する
限定をかける	パンフレットにのせる写真を3枚選ぶとするとどれがふさわしいか	目的に合った評価の視点を共有する
ランキング付けする	～に対して重要度の高いものから並べるとどうなるか	選択肢の数を吟味する 目的に合った評価の視点を共有する
他の状況でも当てはまるか考える	○さんの立場だったらどう考えるか この方法は～でも使えそうか	視点や方法の汎用性について問う

子どもに活動の目的を把握させるだけでなく、活動する必要感をもたせることが大切である。そうすることで、「have to（しなくてはならない）」から「want to（したい）」、そして「will」（する）」と、自分ごとの学びが展開される。

(3) 留意点３：かかわり合いを深化・活性化する

Q：かかわり合いが深化・活性化するには何が必要なのでしょうか？

A：・課題を共有していること
・かかわり合う視点や方法が明確になっていること
・課題に対して自分なりの考えをもっていること
・かかわり合う必要感をもっていること

上記のような条件が必要だが、以下のような学び方（語り方）を活用させると、かかわり合いをより深化・活性化することができ、学び合う喜び、学び合

う意味や価値を子どもに実感させることができる。

【かかわり合いを深化・活性化するための学び方（語り方）】

仲間が言いたいことを くみ取りながら語る	論理的に語る	分かりやすく語る
○推論する ○リボイス（再現）する ○リレーで説明する	○問いかける ○ナンバリングする ○「まず・次に・だから」 　を使う ○根拠を挙げる	○伝わっているか、確認する ○絵や図等を用いる ○実物を用いる ○書きながら話す

（4）留意点４：目的に合った振り返りを設定する

Q：振り返り活動を充実させたいのですが…。

A：ねらいとリンクさせることが大切！
　　めざす子どもの姿を具体的にイメージすることが大切！

　本時の終わりの振り返りは主眼とリンクしていなければならない。なぜなら、主眼が達成されたかどうか、たどり着いた子どもの学びの事実でとらえなければ判断できないからである。これまで多くの指導案に出会ってきたが、「本時を振り返る」という記述に留まっているものが少なくない。
　以下に、主眼と振り返りをリンクさせる例を示す。

【生活科（第１学年）お手伝い単元における例】

また、以下に目的別振り返り例について紹介する。

【振り返りの目的と振り返りの方法例】

振り返りの目的	具体的な振り返りの方法例（様々な教科等）
■身に付けるべき学習内容の定着を図ったり、確認したりする	○提示された言葉を使ってまとめる ○課題解決の流れのポイントを説明する ○要点を3つ挙げる・要点を一言でまとめる　等
■課題解決に有効な視点や方法を活用可能なものとして蓄積させる	○課題解決に有効な着眼点や方法、考え方について説明する・キーワード化する　等
■どのような考えに至ったか、自覚を促す	○授業前にもっていた考えが変容したか否か、その理由やきっかけとともに記述する　等
■抱えた問題を浮き彫りにし、今後の学びの方向性を見いだす	○「納得できたこと」と「納得できなかったことや新たな疑問」を整理して記述する　等

他にも、「まず…。次に…。このように…。」と書き出しの言葉を提示し、論理的に考えを説明させる方法、短時間で口頭にて行う方法等、多様にある。どのような振り返りを行うにせよ、子ども一人一人の思考・判断の過程や内面にあるものの見える化を図ることが大切である。それが、授業改善にもつながる。

2　参観する側として研究授業に臨む際に

Q：参観する側は、どういう意識をもって臨んだらよいのでしょうか？

A：参観する側という意識を捨て、よりよい授業のあり方を模索しよう！
目に見える子どもの学びの事実をもとに、教師の意図に迫ろう！

授業者は、多様にある発問や場設定等の中から、本時のねらいや目の前の子どもに応じて、適切だと判断したものを選ぶ。その思考・判断は、授業者がこれまで身に付けてきた教師としての専門的な力量によるものである。これを「教育的タクト」としてヘルバルト（Herbart, J, F）は位置付けた。「ヘルバルトが教師に求めた『教育的タクト』とは、生徒の状態をその成長過程のなかに位置づけつつ、またその後の成長過程を予期的に展望しつつ、いまそこで何をすべきかを判断する能力である。」と鈴木（2011）は述べている。教師の思考・判断の過程や結果の背景にある教師の意図は目に見えにくいが、そこを共有せず

して、教師の専門性を高めることはできないのである。

　しかし、参観する側は、研究授業後、効果があると感じた活動やワークシート等という目に見える形式を活用して満足してしまうことも多い。学ぶことは真似ることから始まるので、それらの型を使うところから始めることは間違いではない。だが、「教育タクト」が備わっている授業名人と言われる教師は、目の前の子ども、教材がもつ魅力や特性、ねらいに応じて、意図をもって術を変える。教師には、子どもの実態、学ぶ対象等によって術を加工・創造することが求められる。「教育的タクト」は、臨機応変の力なのである。

【背景や意図を探る教師の姿】

【お薦めや参考になる図書】
中村祐治、尾﨑誠（2011）『「学力の３要素」を意識すれば授業が変わる！』教育出版
秋田喜代美（2012）『学びの心理学～授業をデザインする～』左右社

【引用・参考文献】
鈴木晶子（2011）『教育文化論特論』放送大学教育振興会、61頁
文部科学省（2008）『小学校学習指導要領解説算数編』東洋館出版社、14頁

（藤上真弓）

第3章

学級経営力の向上をめざして

第3章　学級経営力の向上をめざして

Ⅰ　学級経営において大切にしたい基礎・基本

　皆さんは学級経営において、どのようなことを基礎・基本として大切にしているのだろうか。また、どのような学級づくりをめざしているのか。この3章では学級経営について考えていきたい。基本的なことも含めて、自分自身の学級経営を見つめなおすヒントとしてほしい。

1　学級経営と学級担任

　学級は、子どもたちが楽しく豊かな学校生活を過ごすための基盤である。学級という基盤が安定してこそ、健全な成長発達や人間形成が促される。では、「学級経営」という言葉を聞けば、何をイメージするだろうか。学級担任、学級のルールや決まり、人間関係、集団づくり、授業での規律、学級目標等……だろうか。学級経営とは、学級を基盤として、子ども一人一人の成長発達が円滑に進むように、学校経営の基本方針の下に、学級を単位として展開される様々な教育活動の成果が上がるよう、諸条件を整備し運営していくことだと捉えることができる。

　有村（2010）は、学級経営の4つの視点として、基盤づくり、授業づくり、集団づくり、環境づくりをあげている。教員としての重要な役割である授業についても、その基盤は学級経営にあるとよく言われる。授業は、最も学校で子どもと直接かかわる時間であり、クラス全員にかかわる時間でもある。「教師は授業で勝負する、授業にかける」と言われるように、授業を通して子どもと成長するのである。特に、学級の基盤づくりや授業等に関わる規律等には、何よりはじめが肝心である。つまり、4月当初の出会い・スタートが大切であり、よく黄金の3日間や1週間ともいわれる。子どもとの心理的距離を縮めたり、ルールや約束事を確立したりしながら、ルールを定着（システム化）させ、私たちの学級としての意識を高めることが重要である。

　また、学級担任という側面からその内容を考えると、学習指導だけでなく、生徒指導、教育相談、進路指導等、自らの学級に対して行う指導の総称ともいえる。つまり、学級担任とは、個である子どもたちの集まりである集合体を一つの目的意識をもったよりよい集団となるように、その学級の経営を担い任さ

れている。つまり、学校での学習面と生活面の全てに関して、さらに子どもたちの安全・生命、成長について、その責任を担い任されていると言うことである。だから、学級担任の学級経営力により、子どもたちの学校生活が良くも悪くも大きく影響される。学級担任という役割の重みがあるからこそ、やりがいと充実を感じずにはいられないのである。

さて、皆さん自身の小学校入学から中学、高校と担任の先生の名前をどの程度憶えていて書き出せるだろうか。その中でも好印象が強い先生や今でも話をよく覚えている先生を思い浮かべてほしい。なぜ、その先生が思い浮かんだのだろう。学級として過ごした思い出や記憶、自信等は卒業してもずっと先生と子どもとの関係で連綿と続くのである。

2　教師（学級担任）としての心構え

学級経営において、一人一人が学級集団や学校生活によりよく適応し、主体的に生きていくことができるような指導・援助をする教師の姿勢や心構えが重要である。担任として、ぜひ心がけてほしいことを学習指導要領解説特別活動編（平成20年）や生徒指導提要（平成22年）等を参考にすると、以下の7つのことをあげることができる。私自身も全てが常にできていたとは言えないが、

> 1　一人一人についての子ども理解を深める
> 2　子どもとの人間的な触れ合いを大切にする
> 3　子どもの悩みや問題を親身になって共感的に受け止める
> 4　子どもの信頼や期待に応えるように努力する
> 5　子どもの伸びや成長を見逃さずに認め心から誉める
> 6　問題行動には毅然とした態度で臨む
> 7　子どもの自主的、実践的な活動を促す

そのことを意識して努力してきた。その中でも、信頼関係や人間関係の関係性づくりに何よりも気を配っていたと思える。教師と子どもの信頼関係だけでなく、子ども相互の人間関係である。この点については、例えば、小学校学習指導要領第1章総則4の2(3)「学級経営と生徒指導の充実」においては、「(3) 日ご

ろから学級経営の充実を図り、教師と児童の信頼関係及び児童相互の好ましい人間関係を育てるとともに児童理解を深め、生徒指導の充実を図ること。」と記載されている。まさに、良好な関係性づくりが学級の基盤となる。

3 めざす学級像を大切に～学級経営案に書くことを通して～

　担任として、子どもたちとともにめざす学級の姿やそのためのビジョンを具体的に描くということが重要である。自分の理想とする、めざす学級像をしっかりともち、子どもたちの声に耳を傾けながら学級づくりに取り組む姿勢が重要である。その際に、学校教育目標、重点目標を理解することを忘れてはいけない。学校や学年団で取り組むことの重点は何かを理解し、そのうえで、学級の目標を子どもたちと考えたい。さらに、その学級目標をどのように生かすのか等については、3章のⅢを参照されたい。

　担任としては、学級目標を子どもたちと共有することや保護者等にも学級目標に込められた願いや意味を説明できることが求められる。学級目標は、学級担任として日々の教育活動の指針であり、拠り所の一つとなるものである。その具体的な考えや取組が学級経営案に記載されるはずである。その学級経営案を書くという作業を通して、担任自身の考えを深めたり手立てを明確にしたりすることにつながり、一人一人を見つめなおすこととなる。書く作業を通して、見落としていることを発見したり、改めて見直したりすることにもなる。つまり、経営案を基に実現していく営みが学級経営でもある。

【参考文献・引用文献】
有村久春（2011）『学級経営ハンドブック』金子書房
香川県教育センター・香川大学教育学部（2014）「達人が伝授－すぐに役立つ学級経営のコツ－」
文部科学省　生徒指導提要（平成22年3月）
文部科学省　小学校学習指導要領　第1章総則第4の2(3)（平成20年3月）
文部科学省　中学校学習指導要領解説　特別活動編（平成20年9月）

（植田和也）

Ⅱ　子どもとの出会い・スタートを大切に
〜新年度、担任としてどのように子どもたちに関わるか〜

　4月に新しく学級担任となれば、新任教員でもベテラン教員でも身が引き締まる思いは同じである。子どもたちとよい出会いをし、その後の人間関係づくり、学級経営と繋げたいものである。ここでは、始業式前と始業式後に分けて、担任として意識して取り組みたいことについて考える。

1　始業式前の取り組み
　学級担任は、学年全体の状況と自分の担当する子どもたち一人一人の状態を把握して、新学年のスタートをよりよいものにするための準備をしなければならない。そのためには、担任として始業式で子どもたちの前に立つまでにしておかなくてはならないことがある。学級の子どもたちのことを事前に知ることで、よりよい学級経営を目指したい。

(1)　子どもたちの顔と氏名を覚える
　始業式の日に子どもの顔と名前を知って関わることができると、その後の学級経営によい影響を与える。担任は、前年度から引き継いだ子どもたちの顔写真と氏名を何度も確認し、始業式までに覚えておく。完璧に覚えきれなかったときは、朝や帰りのあいさつの時に名前で呼びかけるように心がけ、できるだけ早く覚えたい。

(2)　指導要録を確認しておく
　指導要録には、「学籍に関する記録」と「指導に関する記録」があるが、始業式までに全て目を通して確認をしておきたい。特に、「総合所見や指導上参考になる諸事項」については詳しく読み込んでおくとよい。事前に一人一人の子どもの状況を把握しておくことが、新学期から子どもとの関係を作っていく上で非常に重要になってくる。

第3章　学級経営力の向上をめざして

（3）　前年度の関係者から話を聞く

　担当する学年が新入生であれば、3月末に幼少連絡会や小中連絡会等で引き継ぎを行っているため、そのときの関係者から話を聞くようにする。進級する学年であれば、前年度の担任や学年主任から学年・学級集団の特徴や個々に配慮の必要なケースはあるか等について確認を行う。また、必要に応じて養護教諭やスクールカウンセラー、管理職からも情報を得ておくこと。

　子どもたちの情報をできるだけ細やかに集めることで、学級経営方針の輪郭がはっきりとしてくるものである。ただ、ここで気をつけなければならないことは、情報を集めることで子どもたちに対してマイナスイメージを持つ恐れがあることである。教員は、こういった引き継ぎの場面において、問題行動について多く伝えがちであるが、子どもたちのよい面や特性についての情報を意識して得ておくことを忘れてはならない。事前に情報を集めることは、学年や学級集団、個々の子どもたちのこれまでの現状を客観的に把握し、新学期をよりよくスタートするためのものである。決して子どもたちを否定的に見るものではないため、十分に注意したい。

　また、これら個人情報の管理については、担任として責任をもって確実に行う必要がある。個人情報にあたるものについては、常時鍵のかかる場所に保管する等、厳重に行わなくてはならない。

2　始業式後の取り組み

　全国には様々な地域に数多くの学校が存在し、小学校であれば6学年、中学校で3学年と幅広い発達段階の子どもたちが在籍する。また、子どもたちは個性豊かで、十人十色であり、これは教員についても同じことである。そのため、どの先生にも、どんな学級にもぴったり合う「学級経営マニュアル」というものは存在しない。教育書や先輩教員から学んだことを、自分に合うように取り入れ活用することは効果的であるが、その前段階として子どもたちとの人間関係を確実に築くことが重要である。

　ここでは、子どもたちが生き生きと学び生活する学級経営のために、基本となる事柄について確認していきたい。

Ⅱ　子どもとの出会い・スタートを大切に～新年度、担任としてどのように子どもたちに関わるか～

(1)　子どもたち一人一人を観察する
　学校は、子どもたちが一日の3分の1以上を過ごす場所であり、全ての子どもにとって安心・安全な場所でなければならない。学校は責任をもって子どもたちを預かっており、学級担任は学級の子どもたちへの責任をもつ。そのため、担任として自分の担当する学級の子ども一人一人を観察する習慣をつけておき、普段から小さな状況の変化等にも心を配らなくてはならない。ちょっとした違和感に気付き早期に対応することが、大きな問題を未然に防ぐことに繋がる。

(2)　子どもたち一人一人に声をかける
　新学期早々、学級に仲良しグループができ、いつも同じ子と一緒に行動するようになることがある。この状態が続くと、学級全体のために進んで行動しようとする子どもたちは減ってくる。これでは、学級経営が成り立たなくなる。新しい学級のスタートにあたっては、教師が休み時間などに積極的に子どもたち一人一人に声  をかけ、子どもたちの興味のあることを引き出したり、良さを見つけたりしたい。教師が子どもたちの中に自然に入っていき話を引き出すことで、普段はあまり繋がりのない子ども同士が同じ輪の中に入って会話をすることができる。子ども同士や教師と子どもの関係を数多く繋げ、学級内に仲間意識を作っていくことで、いざというときに団結することができるのである。

(3)　ルールの示し方について
　学校には、子どもを規則で従わそうとする一面がある。もちろん、規則が全く無いのでは、集団をまとめることも難しい。この規則をどのように子どもたちに認識させるかで、子どもの感じ方、受け取り方は変わってくる。規則で決まっているからダメという指導を続けていたのでは、小学校高学年以上になると難しくなってくる。なぜこの規則が必要なのかということを教員が伝え、子どもたちが理解することが必要なのである。
　学級内のルールであれば、子どもたちと共に考え作るとよい。はじめは教員のサポートが必要であるが、学期・学年が進むにつれて徐々に子どもたち同士

で話し合えるようにしたい。自分たちで意見を出し、納得し決めたルールであれば、ルールを守ろうという意識が働くものである。もし、ルールが守られない場面が出てきた場合は、子どもたち同士で解決できるように学級で話し合う時間を設ける。子どもたちで解決が難しいようであれば、担任のサポートや助言が必要になってくるため、しっかりと状況を見定めること。

(4) 褒めと叱りを効果的に

　担任は、学級の子どもたちを一日1回は褒めることを意識してほしい。大人であっても、褒められたら嬉しいものである。先生は私を見ていてくれた、認めてくれたと日々感じることで、子どもたち一人一人の自己肯定感が高まり、学級全体の雰囲気が明るく、前向きになっていく。ただ、気を付けたいことは、褒める理由をしっかりと伝えられているかどうかである。「○○さんの△△は□□できているね。」等、褒める理由を具体的に伝えることが大切である。

　また、時には叱ることも必要になってくる。特に、命や人権に関わることについては、躊躇なく叱ること。学級は、子どもたち一人一人が安心できる居場所であるため、こういうことは許されないということを学級開きの時に示しておく。子どもたちにとって納得のできる褒めと叱りを効果的に行うことで、学級内の規範意識を高めることに繋がっていく。

　新年度になると、子どもたちは新しい担任の先生がどのような学級経営をするのか見定めようとする。一人一人の子どもたちをしっかりと見て関わり、学級の規範を示し共にルールを作っていくことが、子どもたちと担任との絆をつくるスタートになる。また、新学年のスタートにあたっては、子どもたちのみならず、保護者への心配りも必要である。学級全体に関することであれば、初日の学級通信で学級経営の方針を伝え、家庭の協力を仰いだり、連絡帳に「よろしくお願いします」と一言添えたりすることで、その後の家庭との連携に繋がる。

　担任は、学級全体を管理・指導する存在であるが、教室で輝く主役は子どもたちである。一人一人の子どもたちが生き生きと活動し成長できるように、担任として子どもたちを支え、進むべき方向を示し導く存在でありたいものだ。

（高木　愛）

Ⅲ 学級目標は生かせていますか
～学級目標で「チーム」づくりをしよう！～

　学級目標を生かす営みは、何かの縁で集まった集団を学級という「チーム」に育てることである。思いつきの指導では、一人一人が大事にされる仲間意識の高い集団にはならない。一つの目標に向かって何度も立ち返りながら、学級全員で懸命に取り組む過程で、仲間と助け合い、協力し合うことのよさを教え、授業に真剣に向かう姿勢や規範意識、仲間を大切に思う心を育てたい。

1　計画の段階～学級目標をつくる前に～
(1) まずは、子どもをよく見よう
　初めて学級目標をつくるとき、具体的な学級目標づくりをどうするかといったことを考えていくと思う。しかし、まずはじめに一人一人の子どもへの理解を十分に行うようにして欲しい。子どもたちは、一人一人違った能力や適性、興味・関心等をもっている。生育歴や、生活環境も様々であるうえに、いろいろな気持ちをもっていて、それを分かって欲しいと願っている。子どもへの理解を疎かにすれば、薄っぺらな学級目標になってしまうことを肝に銘じよう。教師と子どもが確かな人間関係で結ばれた時に初めて、学級全体の目的や課題が見えてくる。子どもへの理解を通して、一人一人にどんな力を付けるかという教師のビジョンが最も大切である。
　子ども理解の出発点は、一人の人間として子どもを尊重し、信頼関係をつくることである。子どもが、先生に受け入れられていると実感できることが大切である。教師が、受容・傾聴・共感の姿勢を見せることで子どもがつながりを感じられるようになる。それが子どもの心の落ち着きや安心した関係をつくることにつながり、この後の学級目標づくりが豊かに進められていくことだろう。

(2) いざ、つくるときのポイント
<u>○自分たちはどのような学級をつくりたいのか、とことん話し合おう！</u>
　ここで必要なのは、どの子も思いを語るということだ。教師も同じように思いを伝える。(注：標準である学校教育目標と自身の教育観との関連も念頭に。

脱線すると、独りよがりになる）その間に具体的なイメージや大事にする思いを確かめられるからだ。話し合いによって、自分たちの学級を自分たちでつくっていこうという根本が確かめられるのである。時間をかけ、本音のぶつかり合いで生み出すからこそ、学級目標に対する責任が生まれてくる。結果として学級目標の言葉が何になっても、どれだけ想いを共有できたかが「学級は自分たちのものである」という愛着につながるのである。

①一人一人の子どもの心に聞こう

　どの子どもも「この学級にいて楽しい。この学級のメンバーでよかった。」と思える学級づくりのためには、教師が目標を押しつけるのではなく、みんなの思いを表出してつくることを目指したい。まず、一人一人の発言を大事にすることに力を入れよう。子どもたちが集団の力で考えをつくりあげるためには、個人が考え、発言しなければならない。互いの考えを伝え合うことで、自らの考えや集団の考えを発展させることができる。教師は、子どもたちから望ましい目標が生み出せるように適切な指導・助言をすることが大切である。

②聞く姿勢を徹底しよう

　学級の目標をつくる過程からすでに生活の場や学習の場の雰囲気をつくり出し、それぞれのモラルを高めていく。みんなで学級をつくっていこうという中で、相手の立場に立って聞く姿勢に重点を置くことで、お互いがかけがえのない存在であることを感じとることができるだろう。子どもは、学級の中に自分の居場所があり、自分を理解してくれる仲間ができることで、大きな励みになり、安心できる。子どもが自分の大切さとともに友達の大切さを認めることができるようにしたい。また、学級目標の設定に進んで参加して、話し合いのルールを守ることにより、よい学級をつくろうとする態度を育てる。

【話し合いのルール：基本】　※教師自身が公正な立場でよく聞くのはあたり前。
・話し手の方を見て、発言を最後まで静かに聞く。　㉓誤りをからかわない。
・うなずきながら聞く。
・聞き取りやすい声で話す。　※上から3つ目までは、1年生でもできそう。
・友達の発言に関連づけて意見を言う。
・共感的な態度で話を聞く。

③目標に使われる言葉が大事

　使われる言葉は、曖昧さを許さない明確さを優先するのではなく、曖昧であっても心に深く浸透する言葉、皆で唱和しやすい親しみがもてる言葉であることを大切にする。発達段階を無視した言葉は、よい結果を生まない。

2　実践の段階～目標をつくった後は～

　学級目標は、日々の実践に生かされてこそ価値が出る。教師も共に実践したり、率先して行動したりするという構えが必要である。子どもと言葉を交わす時の様子をはじめ、日々の教師の様子から学級目標に向かう教師の意気込みが子どもへと伝わっていくものだ。そのうえで子どもに学級目標を受け身的に守らせるのではなく、自主的に守るように育てることが大切である。

(1) 授業や生活の中で何度も立ち返ろう

　最初に目標をつくったら終わりではなく、授業や生活の中で何度も立ち返ることを大切にしたい。朝・帰りの会などあらゆる指導の機会を有効に生かそう。教育課程全領域の中で指導することが大切である。「学級目標を大切にしよう」という雰囲気が浸透する学級の中でこそ、仲間を大切にする、思いやりのある子どもが育つ。だから、学級目標を大切にする学級は、まとまりがよいのだ。毎日子どもをよく見て、適切に評価しながら手立てを柔軟に考え、実践していこう。

(2) 目標を具体化しよう

　抽象的な目標は、実践化されにくい。例えば、「思いやり」という目標に込められた「みんなが"ありがとう""どうぞ"といえる学級にしよう」というように具体化・行動化を図ることが必要である。学級目標が具体的な態度や行動に現れる子どもを育てたいが、細かく指示されて行ったことは、なかなか自分のものにならない。自分たちが言ったことの具体は何をすればいいのか自分たちでしっかりと考えさせ、スモールステップのより具体的な目標をもたせることが大切である。TPOに応

【個人目標を前で発表し黒板に掲示】

じて賞賛したり、指導・助言したりすることも忘れないようにしたい。

3　評価の段階～みんなで評価し、成果を大切に！～

　子どもたち自身の自己評価や学級集団の評価を工夫して、効果を上げることが必要である。自分たちで立てた目標が実践できているのかどうかについて、特に大切にしたい成果の確認に十分な時間を与えて、頑張ったからこそ味わえる達成感をしっかりと共有しよう。しかし、子どもの自主性に任せっきりでも育たない。計画や実践段階と同じで、評価においても教師の日常的な関わりを積み重ねることにより育っていくものである。教師が適切な指導・助言や励ましを与えることを大切にしたい。そのことで一人一人の子どもが伸びることとなり、集団全体も伸びていくのである。まさに相乗効果が働き、学級目標の実現につながるであろう（下図参照）。年度当初に掲げた学級目標を実現するために、しっかりと子どもに寄り添い、一日一日を大切に実りあるものにしていこう。その際のポイントとして下記のことを大切にしたい。

【評価する際のポイント】
・マイナス面だけでなく、よさや伸び等のプラス面に着目する。
・常に実践の過程で評価すること。とくに、子どもの考えが具体化され、子どもの姿となって育まれたかどうかを多面的に検証してみる。
・学期末や学年末に継続的・総合的に評価し、見直してみる。

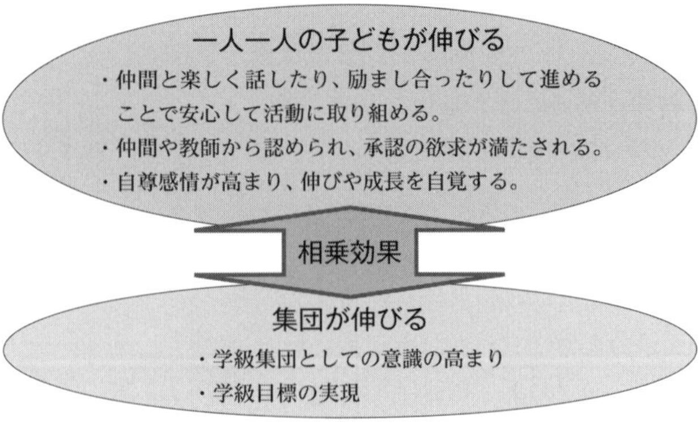

一人一人の子どもが伸びる
・仲間と楽しく話したり、励まし合ったりして進めることで安心して活動に取り組める。
・仲間や教師から認められ、承認の欲求が満たされる。
・自尊感情が高まり、伸びや成長を自覚する。

⇩ 相乗効果 ⇩

集団が伸びる
・学級集団としての意識の高まり
・学級目標の実現

【学級目標を生かし　評価することで相乗効果】　　　　（佐藤盛子）

Ⅳ 子ども理解と学級集団づくり

1 子どもを理解する

教師が学校で見ている子どもの姿は、表に出ているほんの一部であり、教師が知らない様々な背景がある。中には、子ども自身の力ではどうすることもできない背景を抱えている場合もある。教師にとっての「気になる行動」は、「わかってもらえない」「うまく伝わらない」心の叫びやSOSのサインかもしれない。「子どもを理解する」とは、表に見える姿だけでなく、その言動の裏にある背景を知ろうと努力し、どのような「思い」を伝えようとしているかを理解して受け止めることである。

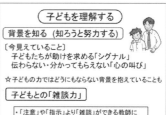

では、個人情報の取扱いに細心の注意を払う学校で、どのようにして子どもたちの背景を知ることができるのだろうか。それは、子どもとの「雑談」である。休み時間や教師の手伝いのときなど、たわいもない「雑談」から、これまで知らなかった子どもの姿を垣間見ることができる。子どもの興味がある話題で盛り上がり、時には子どもから教えてもらうこともあるだろう。子どもが教師との会話を楽しみにして次第にいろいろな話をする中で、ふと心の内を語ることがある。注意や指示ばかりでなく、子どもの興味・関心に付き合うことができる「雑談力」は、子どもを理解するために教師には必要な能力である。

2 見方が変われば行動が変わる

学級の子どもたちのことをどのように捉えているだろうか。席の順に一人ずつ「○○さんは～な子」と思い浮かべてみよう。すぐに長所を思い浮かべる子と、短所や欠点ばかりが思い浮ぶ子がいないだろうか。人の性格は、長所と短所の両方の見方ができる。短所や欠点ばかりが思い浮かぶ子には、つい指摘や注意が多くなってしまいがちである。欠点を何度も指摘されると、「どうせ自分

はダメだから」と自信をなくしてしまう。さらに、欠点に目が向き出すと教師自身もイライラしてしまう。

「この子は手に負えない」と思ってしまうとき、一方的に否定せずにちょっと見方を変えてみよう。一見、短所と思えるようなことも「プラスに言い換えると？」と意識して考えてみる。子どもの見方が変わることで、今まで気づかなかった長所に気づき、これまでの行動も違った捉え方ができるかもしれない。そうすることで、何より教師自身の気持ちが穏やかになって、子どもへの言い方や表情が変わり、それを受け取る子どもたちも変わってくるだろう。

短所	長所
がんこ	芯が強い、意志が強い、自分の考えをしっかり持っている
だらしない	小さいことにこだわらない
自己中心的	自由で何事にもしばられない 自分の感情に素直である
うるさい	元気、明るい
飽きっぽい	好奇心が旺盛
ずうずうしい	物おじしない
優柔不断	物事に慎重である
消極的	謙虚、控えめ
しつこい	粘り強く根気がある
くよくよする	自分を反省することができる
細かい	繊細、気が利く

【短所も長所（外山2013）】

教師が子どもの見方を変えれば、教師の言動が変わり、しだいに子どもの行動も落ち着いてくる。イライラするときには、子どもを変えようとするのではなく、まずは教師自身が意識して変わることである。

3 ほめ方・叱り方

ほめることも叱ることも、子どもを伸ばすためには大切なことである。叱るばかりでは自信を失って意欲を欠いてしまうし、ほめるばかりでも効果がなくなってしまう。大勢の場か個別か、言葉でか非言語でか、ほめ方や叱り方は子どもの発達段階やその子との信頼関係によっても変わってくる。叱るときには「行為」を注意し、プライドや人格を傷つけないこと、「その行為がどうしていけないか」「これからはどうするか」を子ども自身が考えて納得できるようにフォローすることが大切である。ほめて自信をつけながら、

「ほめる」はアクセル、「叱る」はブレーキ

ほめる
・やっていることを認める。
・意欲を高める。（やる気にさせる）
・望ましい行動を定着させる。

しかる
・やっている行為がよくないことを教える。
　（人として、してはいけないことを教える）
・禁止や否定だけでなく、望ましい行動も教える。

許されないことは毅然した態度で叱る。子どもが前に向かって進むためには、日頃の「アクセル」と、いざというときの「ブレーキ」の両方が必要なのである。

4　学級集団づくり
（1）　ソーシャルスキルトレーニング(SST)

　SSTとは、人とうまくかかわるコツやマナー（社会的スキル）を学習することである。対人関係がうまくいかないのは、①未学習（スキルを学習していない）、②誤学習（間違ったスキルを学習している）、③運用困難（知っていても行動として使用できない）ことが要因として考えられる。そのため、望ましい対人関係のスキルを学習すれば、社会的スキルは身につくのである。

　対人関係が苦手な子どもの支援として個別や小集団SSTがあるが、取り出すことの本人の心理的負担や教師側の時間確保の難しさ等の課題もある。一方、学級全体にSSTを行うことで①対応スキル（「入れて」「いいよ」）を同時に学ぶ、②学級の仲間がモデルになる、③スキル使用時に担任がすぐに称賛できる等の効果がある。特に、担任の称賛の有無は、その後のスキルの定着に大きく影響する。その場ですぐに具体的行動をほめることは、SSTに限らず、望ましい行動の定着につながる。

　SSTにおいて大切なことは、具体的な態度や言葉［行動］だけでなく、相手の立場や状況を判断［認知］し、その時の感情［情動］が次のスキル使用につながる。教師が設定した場面において、「こんなときどうするか」を子どもたちが話し合うことで、場に応じた具体的なスキルや正解は一つではないことを知り、学級集団のルールや子ども同士の暗黙裡の

ソーシャルスキルトレーニングの進め方

☆　ウォーミングアップ
・簡単なゲームで緊張をほぐす。

①　インストラクション（言語教示）
☆これからどのようなスキルを学習するのか言葉で説明する。
［留意点］
・これから学習するスキルが、対人関係をよくするためにどんなに大切かを話す。

②　モデリング
☆教師が手本を見せる。
［留意点］
・対人場面での望ましくない行動を演じ、どうすればもっとよくなるか子どもたちから出た意見（スキル）に従って行動を改善していき、最終的に望ましい行動のモデルを示す。
・その行動によって相手がどのように反応するかを示すために、TT指導で行うとよい。

③　リハーサル（ロールプレイ・繰り返し練習）
☆児童生徒が実際にやってみる。
［留意点］
・子どもたちがモデルを参考にし、相手を代えて繰り返し練習する（ロールプレイ）
・4人組で、2人がロールプレイをして2人が観察者になり、交替して練習する。

④　フィード・バック(社会的強化)
☆どこがよかったか、どうすればよくなるかを伝える。
［留意点］
・観察者が、「よかったこと」や「〇〇すればもっとよくなる」のプラスの言い方で伝える。

④　定着化(般化)
☆　実際に行動できるように促す。
［留意点］
・日常につなげるために、どのような場で使えるか、葛藤場面ではどのように判断したらよいか等を話し合う。
・ホームワーク（宿題）としてスキル使用を記録する。

※　学習後の日常で
・日常生活でスキルを使っている時は、どのスキルが使えていたか言葉で具体的にほめる。
・学習後にそのスキルを使用しやすい状況を意図的に設定したり、校外学習等の実践の場を見通して必要なスキルを事前に学習したりするとより効果的である。

ルールを学んでいく。

（2） 構成的グループエンカウンター（SGE）

子どもたちが「学習したスキルを使おう」と思うには、スキル使用を承認する学級風土が重要である。いくらスキルを使用しても学級の人間関係ができていなければ、冷やかしや無視に至ってしまうこともある。

そこで、SSTと同時に行いたいのがSGEである。SGEは、他者だけでなく本音の自分を発見する集中的なグループ体験であり、お互いが本音を出し合える構えのない打ち解けた人間関係（リレーション）をつくることを目的とする。責められたり強制されたりすることなく、自他との違いに気づき、共感され受容されることで、知らなかった自分に気づくことができる。

教師はリーダーとなることが多いが、できれば教師自身がSGEの研修に参加し、受ける側となって実際に体験することで、リレーションや様々な感覚を実感するとよいであろう。対人関係や集団参加が苦手な子どもたちが増えている現代、学級活動を活用した開発的予防的カウンセリングを行うことは、これからの教師に求められる大切な力量である。

```
━━━ 構成的グループエンカウンターの進め方 ━━━
① インストラクション
☆教師が、エクササイズのねらいや内容、留意点などを
  説明する。
〔留意点〕
・教師が自己開示をして実際にやって見せることで、視覚
  的にイメージしやすく、抵抗感が少なくなる。
・パスをする自由もあることを伝える。
〔対応例〕
・「抵抗がある人は、横で見ていてもかまいません」
  （ただし、エクササイズの途中で「一緒にやってみますか」
   と声かけをする）
② エクササイズ
☆心理面の発達を促す「課題」を行う。
  （自己理解、他者理解、自己受容、自己主張、感受性の
   促進、信頼体験）
〔留意点〕
・「質問はありませんか?」「始め」などで開始する。
・グループごとに見回ったり、どんな話題が出ているかを
  具体的に聞き取ったり、心配な生徒の様子を気にかける
  等、リーダーはできるだけ生徒の様子を細かく観察する。
※ 介入
☆エクササイズのときに、適宜教師が割り込み指導を行う。
〔留意点〕
・メンバーが場面を仕切ったり、他の人を傷つけるような
  発言があったり、一人が長く発言したりした場合は、途中
  で指導する。
〔対応例〕
ア．メンバーが仕切る場合
・「無理に発言しなくても、自分が言いたくなった時に言え
  ばいいですよ」
イ．一人が長く発言する場合
・「もう少し短くまとめてください」「一人一分間ずつ話してく
  ださい」
③ シェアリング
☆エクササイズをし、感じたことや気付いたことを共有し合う。
〔留意点〕
・2人組やエクササイズを行ったグループ、学級全体等で、
  時間を決めて語り合う。
・発言を強制せず、自分が言いたい人が話す。
〔対応例〕
・「エクササイズをして、どんなことに気づいたり、感じたり
  しましたか」
・「横で見ていて、どんなことを感じましたか」
＜時間がとれない場合＞
・挙手、拍手、合唱、学級の合言葉、かけ声等、みんなの
  気持ちが共有できる活動を行う。
```

【参考・引用文献】

國分康孝・國分久子総編集（2004）『構成的グループエンカウンター事典』図書文化

佐藤正二・相川　充編（2005）『実践！ソーシャルスキル教育　小学校』図書文化

外山美樹（2013）「性格をどうみるか」『児童心理』金子書房

山本木ノ実（2016）「子どもとのかかわり」『教員としてのはじめの第一歩』美巧社60-63頁

（山本木ノ実）

Ⅴ　一人一人が輝く学級づくりをめざして

　教師は日々、さまざまな働きかけの中で子どもを育てている。毎日、毎時間、子どもたちと向き合い触れ合っている時間を大切にしたい。まさしく、一期一会である。そこで、一人一人が輝く学級づくりをめざして、8つのメッセージを提示したい。まず4月当初に、学級を閉じるときをイメージしたい。この子どもたちをもち上がりたい学級に仕上げていく覚悟をもつことから始めたい。

1　巣立ちのときに、一人一人の心にメッセージを贈る
　進級や進学で学級を閉じるときに、一人一人の心に共に過ごし成長してきたことを感動とともに感謝のメッセージを贈る教師でありたい。3学期は、学級や学年団で文集をつくることが多い。一人一人の顔を休み時間にクロッキーをして贈ったときもある。指導要録を書く時期であるので、あらゆる方向から子どもを見て成長を確認するのに役立った。卒業生であれば、色紙にとっておきの写真を貼り、コメントや詩を筆で書いて、一人一人に卒業式の日に手渡す。将来の人生で迷うときに振り返って欲しいという親心で送りたい。

2　豊かな語彙をもち、美しい言葉を使う
　暦に二十四節気、七十二候というのがある。日本には四季があり、その美しさに寄り添ってきた暦である。この暦には、その季節に応じた草花の小さな息吹や、虫や鳥の鳴き声、気候の変化等、日々移ろう美しい自然が見事に表されている。このような自然の移ろいや季節を慈しみ大切にしてきた言葉を子どもたちに伝えていきたい。これは、子どもの感性を磨くことに大いにつながる。
　野口は、著書の中で、「荒んだ心は荒んだ言葉を使い、時に相手の心までも荒ませる。まさしく「言葉遣いは心遣い」の表れなのである。…無造作な言葉のやりとりの一つ一つは、それぞれに相手の心に、有形無形の影響、痕跡を与え続けていることを忘れてはならない。何気なく交わされる一語一語が、長い間には子供の物の見方や考え方に大きくかかわって子供の人間形成に影響を与えていくのである。」と述べている。朝は、明るく晴れ晴れとした「おはようございます」を一人一人に声を掛けることから始まり、子どもたちには、適切で丁寧

な言葉を使うように心掛け、豊かな心を育みたい。

3　記録をとり続け、ゆったりとした心で子ども理解に徹する

　毎日、全員のようすを振り返って見たとき、思い出せなかったり、記録がなかったりする場合がある。そのような子どもには、次の時間に必ず声を掛ける。特に、自分から教師に話し掛けない子どもに教師からの言葉掛けを欠かさない。どの子どもにも、「先生は、自分のことをよく知っている」と思わせる教師になることだ。それは、強い信頼関係となり、子どもを育てる大きな力となる。
　そして、「ま」・「み」・「む」・「め」・「も」の子どもには配慮をしよう。「ま」ちがいの多い子どもは、手が焼けるととらえない。「み」なりがよくない子どもを避けない。「む」ずかしいと思う子どもは、かわいげがないなどと思わない。「め」だたない子どもは、見落とさない。「も」たつく子どもにいらいらしない。子どもは、まだまだ未熟なものだ。ゆっくりと穏やかに待てる教師でいよう。

4　授業づくりが一番、一人一人の子どもがときめく教材研究を行う

　授業内容が理解できなくなると、子どもの心は離れる。活発な一部の子どもの活躍に満足し、授業が生き生きしているととらえてはいけない。発言させたり、指導したりした記録をつけることで偏りが分かる。
　また、教材研究をするときに、子どもを活躍させてみようという観点から考えてみよう。子どもは、教師の願いに応えようとするものである。そのような気持ちを育むためにも、学級を開いたときから、早い段階で、全員一人一人にスポットライトを当てた授業を行おう。

5　毎週1回の道徳の授業に力を入れよう

　もちろん、学習中に自信をもって理解すること、はきはきと答えられることは大切である。しかし、学力は学習指導だけで力を付けるものではない。学力は本来、人間としての総合力と言える。はっきりと見えにくい「心」の育成も、学級集団を通して育つ学力の重要な要素と考える。そこで、毎週1時間の道徳の授業を大切にしたい。生徒指導や後追い指導に頼らず、心を育てることに力点を置きたい。「道徳ノート」を一人一人に持たせ、毎時間、道徳の授業を粛々

と行う。登場人物の気持ちを探るだけではなく、自分の生き方に重ねて考えさせたい。人間的魅力を増やすことを求めることをねらい、子どもたちの考えたことについて、教師も共に人間性を高めるコメントを書き続ける。

6 子どもをほめたり認めたりする言葉で、学びの実感をもたせよう

学びの実感は、「なるほど」という納得、「そうそう」という共感、「あー、おー」という驚き、「それならこうしたら」という前向きな視点変更をたっぷりと経験する中に生まれる。

嶋野（2003）は、著書の中で、「大人もですが、子どもはそれ以上に、ほめられたり、認められたりして心を動かします。そうしたコミュニケーションを通して自分の存在感や存在価値を感じるからです。…「ほめる」ということは、「とてもよかった」というように、子どもの言動を価値付けて＝評価して＝称賛することです。「認める」ということは、「比べたのですね」というように、子どもの事実だけを取り上げることです。評価意識はほとんどありませんが、しかし、気に留めている＝気に留めてもらっている＝というメッセージが伝わります。それは、嬉しいことです。」と述べている。

子どもたちをよく見て、よりすぐりの心のこもった言葉を用いよう。

7 係活動の工夫で居場所をつくろう

係活動を活性化させるために、「会社活動」という工夫がある。立ち上げは学期始めに限らず、子どもたちの発想のもと行う係活動だ。そもそも係活動は、当番活動とは違う。子どもたち自らが、自分の学級には何が必要か考えて行うものである。立ち上げについては、簡単に子どもたちは乗ってくる。しかし、三日坊主になることが多い。よほどの責任感の強い子どもがいなければ、いつの間にか動かなくなって倒産である。教師が子どもたちの動きを観察し続けなければ、自然消滅することは珍しくない。それでは、子どもたちは達成感が得られず、自己有用感は育たない。実は、担任のさりげないアプローチがなければ存続・発展は難しい。子どもたちの初めの思いを成し遂げさせるために、教師の支援や働きかけは必須である。手立てとしては、係活動コーナーを教室の中の決められた場所に設け、活動の予告や報告、学級の子どもたちの感想などを

載せて更新したものがあれば、動きがみんなに見えるようにする。さらに、各係への要望や感想を入れるポストなどがあれば、子どもたち同士の交流からアイデアが広がる。「ありがとうカード」を返すようにすれば、温かい人間関係を育むことにもなる。ぜひ、担任はファシリテーターになって、子どもにとって活動しやすい環境を整えたり、係活動コーナーの活用を促したりしたい。文部科学省の『生徒指導提要』では、自尊感情を高めるために、学級集団の中で自分の役割が与えられ、その役割をきちんと果たしていると感じられることを挙げている。たとえ、一定の水準に達していなくても、努力の過程や具体的な行動を認めたり、ほめたりすることで自信をつけていきたい。

8　子ども、保護者、そして教師の心を繋ぐ学級通信を出す

　保護者に子どもの成長を伝え、共に喜びたい。学期に1度、成績表を保護者に渡すことに物足りなさを感じる教師であって欲しい。筆者の場合、毎日通信に発展した。子どもの毎日の短作日記、日直のコメント、宿題と課題、明日の予定、そして担任からの言葉が入る。翌日には担任からのコメントも入れ、ファイルに綴じていくので、1年後には一冊の本のような綴りになる。約4cmの厚さがあっても、積み重ねが見えるので、10年以上たった今も保管しているという声を聞く。ただし、学級通信を出すときには、学年団の先生に理解を得たり、管理職に内容の確認をしてもらったりする配慮を忘れない。

　学級は、育ちや価値観、能力、体力などが異なる子どもが集まる小さな社会である。教師は、学級での集団活動を通し、社会で必要とされる社会性や人間関係形成能力を付ける指導力が求められる。人は、愛されることやほめられることで嬉しいと感じ、生きる喜びを得る。さらに、必要とされたときや役に立ったときに疲れよりも生きる力を感じる。信頼感、満足感、所属感、自発性を子どもたちに実感させることが私たちの理想ではないだろうか。そのために、受けもつ学級を「心」を耕せる集団にしていきたいものである。

【引用・参考文献】
野口芳宏（2014）『日本の美しい言葉と作法』登龍館、5頁
嶋野道弘（2003）『子どもの心を動かす親と教師の"語りかけ"』明治図書、125頁

（山下真弓）

Ⅵ　どの子も学級の大切な一員

1　忘れられないエピソード

　初任者教員として公立小学校に着任した私は、夢心地で着任式・始業式を終え、初めて担任する44人の子どもたちと一緒に教室に戻った。子どもたちも大学を卒業したばかりの若い私との学校生活に期待して、頬を紅潮させていた（と勝手に思い込んでいた）。しかし、わずか数分後に、私は一人の子どもの笑顔を一瞬にして奪ってしまった。

　一通りの自己紹介を終えた私が、少しでも早く子どもたちと打ち解けようと発した質問は、「みんなは何人兄弟姉妹かな？」というものだった。特に考えがあったわけではない。何となく思いついた質問だった。言い換えれば、何の配慮もない非常に雑な発言だった。しかも、事もあろうか私は子どもたちに挙手をさせてしまった。3人兄弟姉妹まで聞いた後、「まだ手を挙げていない人いる？」と発した私に、一人の男の子が恥ずかしさのあまり顔を真っ赤にして手を挙げた。彼は5人兄弟の末っ子だった。その後をどうやって取りなしたかは覚えていない。しかし、机に突っ伏して泣いている彼の姿は、一生私の記憶から消えることはない。若手教員の皆さんには、"教員の心ない一言が子どもの気持ちを大きく傷つけることがある"ということを絶対に忘れないでほしい。

2　子どもはそれぞれ大切な"人格"をもっている

　言うまでもなく、"人権"はすべての人に平等にあるものであり、「人権教育・啓発に関する基本計画」には、"人権"とは、『人間の尊厳に基づいて各人が持っている固有の権利であり、社会を構成するすべての人々が個人としての生存と自由を確保し、社会において幸福な生活を営むために欠かすことのできない権利』と明記されている。

　文部科学省がとりまとめた「人権教育の指導方法等の在り方について［第一次とりまとめ］」において、人権尊重の理念は子どもたちにわかりやすい言葉で[自分の大切さとともに他の人の大切さを認めること]と表現されている。また、人権教育の目標については、『一人一人の児童生徒がその発達段階に応じ、人権の意義・内容や重要性について理解するとともに、[自分の大切さととも

に他の人の大切さを認めること]ができるようになり、それが様々な場面や状況下での具体的な態度や行動に表れるようにすること』と示されている。

　子どもたちに人権の大切さを伝えるためには、まず、教師自身が、子どもたち一人一人がそれぞれ大切な"人格"をもつかけがえのない存在であるということを深く心に刻む必要がある。

3　子どもたちを取り巻く状況

　学級には、外国にルーツをもつ子ども、同和問題に係る差別や性同一性障害に苦しむ子ども等が在籍している場合がある。また、2016（平成28）年4月1日より「障害を理由とする差別の解消の推進に関する法律」が施行され、学校においても、子どもたちの実態に応じて指導方法等を工夫するなどの"合理的配慮"の提供が求められることになった。若手教員の皆さんには、"人格"そのものが否定されるような厳しい状況に置かれている子どもの存在に思いを巡らせることができる高い人権意識を身に付けてほしい。

　私たち教員は、人権に深い関わりをもつ職業に従事する「特定職業従事者」であり、人権について正しい理解と認識を深め、人権の視点に立ち誠実かつ公平に職務を遂行することが求められている。教員として必要な人権の視点として以下の4点を挙げる。

---

①多様性を理解する

　　性別、家庭環境、障害、国籍、宗教、同和問題、病気等、子どもたちが抱える様々な困難を理解しようとする心構えが大切。

②身近にいるかもしれないという想像力をもつ

　　無意識のうちに教師が加害者にならないように、自分の学級にも人に打ち明けられない悩みを抱えている子がいるかもしれないと想像することが大切。

③受容・共感的に子どもの話を傾聴する

　　「ありのままのあなたでいいよ。」と受け入れてもらえたら、苦しんでいる子どもたちも救われる。

④日常の教育活動での配慮が大切

　　一番大きいのは人の力。「先生は私を見ていてくれる。理解してくれる。」「先生は私の味方でいてくれる。」と思えれば、子どもは教師を信頼する。

4 一人一人の子どもを大切にするには

自分の大切さとともに他の人の大切さを認めることができるような児童生徒の育成のためには、以下の2つのポイントが重要である。

> ポイント①：学級をはじめ、学校生活全体の中で、自らの大切さや他の人の大切さが認められていることを、児童生徒が感じ取ることができるようにする。
> ポイント②：自分と他の人の大切さが認められるような環境をつくる。

例えば、一人一人の子どもを大切にするという担任の意思を明確に子どもたちに伝え、学級目標を設定することも効果的である。また、学級内に友だちのよさを互いに認め合うコーナーを設置すると、子どもたちは毎回貼り出された友だちからの文章を隅々まで読んでいた。褒めてくれた友だちに「ありがとう！」と声を掛ける姿も見られ、教室全体の雰囲気が温かくなった。学級だよりも活用できる。私は、子どもたち全員を平等に取り上げるよう配慮して、子どもたちのよいところを紹介しながら毎日発行した。保護者からは「先生は細かいところまで

【一人一人が認められる学級目標の掲示】

【よいところを認め合うコーナーの設置】

子どものことを見てくれているんですね。」「毎日子どもが学級だよりを持ち帰るのを楽しみにしています。夕食の時に話題にしています。」など、嬉しい反響があった。友だちのよさに気付いた子どもたちが毎日情報提供してくれたので、有り難く学級だよりのネタにさせてもらっていた。

5 あなたの人権感覚は？

「私は、学級の子どもたち全員を大事にしている。」と思っていても、無意識のうちに、子どもたちを傷つけてしまう可能性はある。経験を積みベテラン教

員になっても、常に自身の人権感覚をチェックする心構えを持ち続けてほしい。

> [見直そう！あなたの人権感覚]　※自分自身でも項目を考えてみましょう
>
> ①児童生徒の呼び方は大丈夫？
>
>> 子どもたちに向かって「お前たちは…」などと言っていませんか。子どもの人格を尊重し、呼び捨てにせずに敬称を付けて呼ぶことが大切です。
>
> ②個人情報は適切に管理している？
>
>> 家庭や学習の状況等の個人情報が第三者に知られてしまうと、子どもたちは大きな不利益を被ることになります。子どものことを話す時や場所も考えましょう。
>
> ③子どもたちのプライバシーに関わる掲示物はない？
>
>> 学習ドリルの進度表や忘れ物を示す一覧表など、教室の中にプライバシーに関わることを掲示する必要はありますか？
>
> ④子どもたちに不用意な言葉を投げつけていない？
>
>> 子どもたちに向かって「こんなこともできないの？」などと発言してはいませんか？まずは自分の指導のあり方を問い直すべきです。
>
> ⑤指導という名のもとの体罰や乱暴な言動は厳禁！
>
>> 自分の指示に従わないからと、無理矢理言うことを聞かせるのは論外です。
>
> ⑥配慮に欠ける作品はない？
>
>> 誤字・脱字のある作品をそのまま掲示していませんか？長期欠席等の子どもの作品制作も配慮する必要があります。
>
> ⑦学級だより等に誤解を招くような不適切な表現はない？
>
>> 相手を蔑視するような不適切な表現や、偏見・差別意識を助長するような表現はしないように気をつけましょう。

【引用・参考文献】

「人権教育・啓発に関する基本計画」（平成14年3月15日閣議決定）、10頁
文部科学省（2004）「人権教育の指導方法等の在り方について[第一次とりまとめ]」、4頁
文部科学省（2008）「人権教育の指導方法等の在り方について[第三次とりまとめ]」
東京都教育委員会（2013）「人権教育プログラム（学校教育編）」（平成25年3月）

（西村隆徳）

Ⅶ 一人一人とのつながりづくり

1 一人一人とつながる前提となること
(1) 教師として大切にしたいこと

　教師自身の意識として必要なことは、まず、自分は「社会人として通用する人か」ということ、児童生徒が「先生のような大人になりたいと思われる人であるか」ということだと考えている。このことは、学部1年生の時から教員志望の学生に伝えていることだが、教師であれば、このことはずっと自分に問いかけたいことでもある。

① 教師からのメッセージ

　学年の始めにあたっては、児童生徒に「どのような力（資質能力）を付けていこうとしているのか」、「なぜそれが必要（大切）なのか」、「それが将来どのようにつながるのか」について語ってほしい。学校の目標等や、教科の指導にかかるシラバス的なもの（学習の手引き等）を用いて話すことになる。大切なことは、「なぜそうするのか」という意味を伝えることである。指導する側（教師）と指導される側（児童生徒）が目標を共有することである。目標（めざすもの・こと）を共有しなければ、学習や活動の振り返り・確認（評価・分析）、次の活動のステップアップ（改善）は図れない。筆者は子どもたちとの「戦略（戦術）の共有」として意識している。

　また、一方的な教師の指導的な話に終わることなく、「みんなはどう思っている？どう考えている？」と投げかけることで、子どもたちが自分のこととして受け止め、自己内対話を促すことも大切だと考える。

② レッテルの貼替え

　教師の仕事として大切にしてきたことの一つが「マイナスのレッテルをプラスのレッテルに貼り替える」ことである。

マイナスのイメージ例	プラスのイメージ例
●すぐ暴力をふるう。 ●わがままだ。 ●よく意地悪なことをする。 　　　　　　　　　　等	○あんなよい所があったんだ。 ○自分も頑張りたいな。 ○みんないいところがあるよね。 　　　　　　　　　　等

子どもたちがとてもうれしいと感じるのは、「周りの友達から認められる」時である。その子にとってのマイナスのイメージは、子どもたち同士の思いこみや決めつけからつくられることが多い。教師の何気ない言葉や表情が関係する場合もある。一人一人が「頑張れる、頑張ろうとする」状況を最もつくることができるのは担任・教師である。親が友達の気持ちを変えていくのは無理に近い。ましてや子どもたち同士では難しい。子どもたちの成長、学級としての成長、よい学校を支える中核となるのは、やはり一人一人の教師の意識であると考える。

③ 全体と個を意識したメッセージ

全体で話す（指導する）ことについて、「みんなに話したからよい」のではなく、個に応じて伝え方を工夫し理解できるように意識してきた。「大切なことは繰り返して伝えていかないと分からない」と思っているからである。

> 伝えたこと　→　意識化・自覚化　→　行動・態度への現れ

子どもたちの「行動・態度への現れ」につなげるためには、教師が一人一人に伝わる言葉やアプローチを工夫し、支援しなくてはならない。

> 一人一人を見守り　→　変容を見つめ　→　ほめる（価値付ける）

また、全体の前で個を叱らないことも意識してきた。個を叱るのは個別にする。全体の前で叱ることは、前述している「個のマイナスイメージ」を教師がつくることになる場合もある。個別に指導を繰り返しながら、全体ではそれぞれの個のよさ、努力していることや変容してきていることを、紹介したり褒めたりすることを継続し、一人一人の自己肯定感や集団の中の存在感を高めていくことを意識する。

2　一人一人とつながり・信頼関係つくるために
（1）　一人一人との面談

学期末や教育相談の期間などに個別の面談や保護者を交えての面談はあるが、筆者は一人一人との面談を1日2人ずつ程度実施することにしていた。学級の児童と1月間に1回は面談を行うことになる。一人あたりの時間は5分〜10分程度とし、内容は家族のこと、友達のこと、学習にかかること、悩み・相

談したいこと、今努力していること等である。一人一人の児童に応じて、毎回の面談で「先生との約束」をすることにしていた。

> この頃、A君に対する言葉や表情が他の人の時少し違う感じがするけど、何かあったの？あなたはどう思っている？
> A君が「ありがとう」と言えるようにしてみようよ。

> 漢字ノートの字があまり丁寧でないよ。一画ずつ丁寧に書こうよ。20字から始めて、少しずつ練習を増やしていこうよ。

> 社会のワークシートで頑張って調べて準備していたから、2人組で自分の考えがきちんと伝えられていたね。前の面談のことを覚えていてやろうとしたのだね。他にも資料があるから、図書室の○○コーナーで見付けてごらん。

面談では、一人一人に対しての「先生との約束」を用意しておく。また、その子に応じた伝えたい具体的なキーワードを用意しておく。授業場面での評価規準の具体的な姿を考えておくことと同様に準備しておく。約束を意識して努力している時、児童は教師を見る。アイコンタクトで「OK」を伝え、後で言葉による具体的な評価を伝えることが大切である。

(2) 先生のコーナー

教室後方の掲示板に四つ切り画用紙大の掲示コーナーをつくる。毎日、新聞の切り抜き、児童が表現した作品、作品のアイデアカード、日記などをはり、そのことについて時間をみて教師が話す。一人一人の学習カードや表現した作品、表現の途中段階のものについて、努力して変容してきた部分や「よさ」について気付いたことを発言させ、教師はその良さについて、なぜ掲示したのか、児童が変容しようとしていることを伝える。

図画工作の授業の構想には効果的である。図画工作の時間1時間で題材のプレゼンテーションをする。プレゼンテーションでは、①題材名、②題材の目標・育む資質能力、③授業構成（時間配分等）、④視覚的に分かる提示（やってみたいと思わせる試作の途中段階のもの、材料等）について示す。構想カードも配布し、2週間後（題材によって構想のあたため、材料収集の期間は異なる）から

始めることを予告する。早い児童は次の日には構想カードやメモ紙に簡単なアイデアを描いて教師の所に持ってくる。これを「先生のコーナー」に掲示する。「これはAさんのアイデアカードです。Aさんのアイデアはどうですか？うまくいきそうですか？」それぞれによい所を見付けたり、自分だったらどうだろうと意見交換したりする。教師はAさんのアイデアの個性的なよさと表現の見通し等について評価するとともに、一人一人のつくりたい気持が膨らむように言葉かけをする。次の日からは次々に構想カードを持ってきては自分のアイデアを紹介し始める姿が見られるようになっていく。表現し始める時間が来るまでに全ての児童が自分の表現したいものの見通しをもつことができるようにしておく。これは図画工作での例であるが、表現や調べ学習などにも応用できる。子どもたちは満足できるもの、自分にとってよいものをつくりたいと思っている。そのためにはアイデアや構想をあたためる適切な時間が必要である。

(3)「絵の手紙」について

　図1、図2は小学3年生が描いた「絵の手紙」である（A4サイズの用紙）。文字を書くこと、絵や図で想いや考えを描くことは小学校低学年の時期にできるだけ多く経験し自信を持たせたい。図1と図2の児童の描画能力には差があるが、どちらもお話しがたくさん聞こえてくる「よい絵」である。多くは「先生に伝えたいこと」として絵で表し、裏面に文章で伝えたかったことを記述する。「家族でしたこと」「将来の夢」「こんな島に行ってみたいな」などテーマを決めて宿題にする。お話の伝わり方が線や形の描き方からどのように違ってくるかを視覚的に理解でき、個の描く能力が高まるとともに、鑑賞をとおして子どもたち同士、教師と一人一人の子どもたちの気持がつながっていくことが実感できる。

【図1　お医者さんになりたい】

【図2　キャビンアテンダントになりたい】

（静屋　智）

Ⅷ 特別な支援を要する子どもを核とした学級経営

1 学級担任の役割
(1) 居心地のよい学級集団づくり

　子どもたちにとって居心地のよい学級は、誰からも責められることなく、それでいて程よい緊張感と安心感のある安全な集団である。特別な支援を要する子どもに対して、個別の支援はもちろん必要であるが、最も大切なことは、障害の有無にかかわらず、すべての子どもたちが安心して毎日を過ごせる学級集団をつくることである。

　学級全体の場と、一人一人の子どもたちにかかわるときとの言動の違いを意識することで、「学校が楽しい」と思う子どもたちが今よりきっと増えることであろう。

(2) 発達障害等のある子どもを支える

　できないことをなんとかしようと思う程、ますます悪循環を繰り返す。そんな時には、あえてプラスに見方を変えみると支援のヒントが見えてくるかもしれない。担任は、「支える」ことを常に心に留めておく。

　担任の大切な役割は、二次障害の予防である。手持ちの引き出しを駆使し「わかった」と子どもが実感できる授業を行うことで学習意欲が高まり、それが自信となる。同時に、困った時に互いに助け合える学級の人間関係づくりを学級活動等で意図的に行うことも必要である。集団が育つと、子どもたち同士で支え合うようになっていく。

2 一次特性への基本的なかかわり

常に心掛けたいのは「終わりを明確に示し、それを守る」ことである。意外に守れていないのが教師である。まずは、授業の始まりと終わりの時間を教師が守ることから徹底してみよう。もちろん、全員の片付けが終了して「終わりのチャイム」である。

更に、「短い指示で、すべての子どもが動ける」ように言葉を精選することである。教師の説明が多い程、子どもは何をすればよいのかわからなくなり、話を聞かなくなる。指示通りに動けない子がいたら、注意を促す前に教師自身の指示の仕方を見直してみよう。特別な支援を要する「○○さんが動ける」言葉を意識してみんなに話すことで、学級全体の集中力も高まってくる。

発達障害等のある子どもには、「いつもほめてかかわる」と思っていないだろうか。絶対に許されない行為については、その場ですぐに短い言葉で注意をする必要がある。ただ、人により対応が異なると、子どもを混乱させ行動を悪化させてしまう。

【特性を考慮したかかわり方のポイント】
- 具体的なルールを、見えるところに掲示する。
- 活動を始める時、いつ終わるか見通しを持たせる。
- 活動の始めと終わりをはっきりさせる。
- 好きなことは、嫌いなことの後にする。
- 禁止や否定語でなく、肯定的な言葉を使う。
- よい行動は、具体的に言葉にしてすぐほめる。
- よくない行動をしなかったことをほめる。
- 指示するより、本人の気持ちを大切にする。

【授業での留意点】
- 授業の始まり、終わりの時間を守る
- 静寂な「間」を取る（注目させる）
- 指示は一回一行動（指示の後に確認）
- 視覚（板書・実物・やってみせる等）に示しながら説明
- 作業が終わった次の活動を視覚的に提示
- 付箋と赤鉛筆で全体に机間指導
- 個人で課題（量や質）を変えてもよい
- 言語・非言語で褒める

【行動面への基本的なかかわり方】
① 増やしたい行動→ほめる
② 減らしたい行動→注目しない
（心ではその子のことを気にしながらあえて関わらない、止めたらほめる）
③ 絶対許されない行動→すぐ止める
（人を傷つける行動・言葉、危険な行動）

3 二次障害の予防

(1) 発達障害等のある子に対して

① 二次障害の兆候

無気力な態度や反抗的な態度等がみられたら、それは教師自身のかかわり方を見直すサインである。不適切なかかわりがなかったか、自分自身を振り返ってみよう。

【二次障害の兆候】
- すべてに対してやる気がない
- 自分に自信がない
- 他人へ強い不信感を抱く
- 別の場所へ逃避する
- 周囲やルールに対して反発する
- 怒りなどが抑えられない
- 暴言を吐いたり暴力を振ったりする

② 教師の「不適切なかかわり」とは

一生懸命にかかわる程、教師がやってしまうこと、実はそれが子どもたちの自尊感情を傷つけ、二次障害を招いてしまう。

支援で重要なことは、子どもたちの「プライドを傷つけない」ことである。年齢にかかわらず子どもの意思を尊重し、「どうしたいか」話を聞きながら、自分で折り合いをつけて自己決定できるように話し合う。

③ 日常のかかわり

学習面や行動面の支援の根底は、日常の情緒の安定である。安心して学校生活を送れるように教師がどのように声をかけ、どれだけ話を聴けるかである。それには、教師の柔軟性が大きく影響する。許容範囲を変えられない教師の「こだわり」が子どもたちや教師自身を追い詰めていく。

④ 問題行動が起こった時の対応

右に示した対応は、相談機関に訪れた発達障害のある子どもが「あの時、先生にどうしてほしかったか」を語ったものである。発達障害等のある子どもたちの多くは、問題行動が起こった後、「あの時、どうしてあのような行動をとったのか」「どうやって自分を落ち着かせようとしたか」を話してくれる。ただ、そのことを「学校の先生には話していない」ことがほとんどであった。小学校の中学年頃から、子どもたちは「自分はこんな時にキレやすい」ことを徐々に理解しており、それと同時に「キレないように普段はどうしているか」「キレた時には先生にこうしてほしい」ことを自分なりの言葉で話してくれる。一人一人にあった支援を探るために教師は試行錯誤するが、落ち着いている時に本人の話をじっくり聴くことで、その子に合った支援を知ることができる。

【教師の「不適切なかかわり」】
- みんなの前で叱る。
- できていないことを何度も指摘する。
  (例) 忘れ物、宿題、片付け、取り掛かりが遅い
- 苦手なことを繰り返しさせる。
  (例) 漢字を覚えるまで何回も書かせる
- 集団の中で失敗体験をさせる。
  (例) 立って、長い文章を最後まで読ませる
- 書き直し、やり直しをできるまでさせる。
- クラスの子がからかっても注意をしない。

【日常のかかわり】
☆ 情緒面の安定を図る
① ほめる
- 当たり前にできている具体的な行動をほめる
- 間接的なほめ方が効果的
  (例)「○○先生が、あなたのことを～とほめていたよ」
② 話を聴く
- 一人でいる時にかかわる (雑談をする)
③ 許容範囲を広げる
- ある程度できていれば認める
- 許容範囲の行動に変えていく

【問題行動が起こったときの対応】
① まずは落ち着かせる
- 大声で注意しない。
- 体に触れない。
- 大勢で取り囲まない。
- 刺激が少ない場所へ移動する。
② 落ち着いてから穏やかに話を聴く
- イラストや吹き出し等を紙にかきながら、穏やかに聴く。
- そのときの気持ちを聞き、気持ちを受け止める。
- 行為を認めるのではなく、気持ちを受け止める。
③ どうすればよかったか一緒に話し合う

（2） 周りの子どもたちに対して

個への支援と同様に重要なのは、交流学級や通常の学級の周りの子どもたちに対する指導である。集団を育てることで、発達障害等のある子どもを受け入れる学級風土が生まれ、また、望ましい行動のモデルとなる仲間と一緒に過ごすことが社会的スキルの般化（定着化）にもつながる。

学級集団は自然に育つものではない。どのような学級にしたいか子どもたちと共有し、意図的・計画的に活動を取り入れる。そして、担任自らがモデルとなって行動を示し、子どもたちの声にもしっかりと耳を傾ける。子どもたちは、そんな担任の姿を見て、人とのかかわり方を学んでいく。

4　通常の学級担任に大切なこと

今日、声を出して何回笑っただろうか。自分で自分を追い込んでいないだろうか。「チーム」で取り組むことは、子どもたちにも担任にも大きなメリットがある。

子どもを変えようとするのではなく、自分の指導やかかわり方を少し変えてみることで、案外うまくいくかもしれない。自分の枠を少し緩め、「柔軟性」をもつことで、自分も子どもも楽になり、声を出して子どもと一緒に笑えるだろう。

周りの子どもたちに対して

① 友達を受け入れる学級風土をつくる
- 子ども同士の横の人間関係づくりを意図的・計画的に行う。
  構成的グループエンカウンター(SGE)
  ソーシャルスキルトレーニング(SST)　等
- 学級のルールとして、日常的に指導する。
  （よい行動をしている子がモデルとなるよう、具体的にほめる）

② 教師がかかわり方の手本を示す
- どのようにかかわると対象児が安心できるか、日頃から教師がかかわり方を具体的に示す。
  （空き時間に10分でも特別支援学級にT2として入りかかわり方を学ぶ）

③ 学級集団に不満をためさせない
- 周りの子が対象児を責めるような状況をつくらない。
  （あの子だけずるい、さぼっている、怒られない…等）
- 周りの子たちから不満が出た場合は、共感的に聞く。
  その後、本人も困っていて努力していることを話す。

④ 担任が対象児を徹底して守る
- どのようなかかわりをすれば安心できるかなど、周りの子たちに対して担任が特性を翻訳する役割
  ※「障害」「診断名」は決して使わない。
  ※ 障害説明をする場合は、必ず親の了解を得る。

チーム支援

複数の支援者が、共通の目標を持って、役割分担しながら子どもの支援に当たる。

【なぜチーム支援なのか】
① 子どもに関するたくさんの情報が集まる。
② 一人が行える支援には限りがある。
  （支援者自身が支えられている）
③ 一貫した方針で子どもにかかわる。

通常の学級担任に大切なこと

① 子どもが「困っていること」に気づく目をもつ。
② 常に支援を要する子を意識して、学級全体で実践する。
③ 学級全体には平等な言動を、個別には安心感のある柔軟な対応を。

子どもを変えようとするのではなく、自分の指導や関わり方を変えられる「柔軟性」が必要！

【参考文献】
山本木ノ実（2016）「気になる子どもへの支援」『教員としてのはじめの第一歩』美巧社　64-70頁

（山本木ノ実）

Ⅸ　学級経営における危機管理

1　学校における危機管理とは

　昨今、学校において様々な事態が発生し、その対応に苦慮することが増えた。いじめ問題、体罰、教員の不祥事と、枚挙に暇はない。その度に、学校はマスコミ報道のターゲットになっているが、こうした事態が、なぜ繰り返されるのだろうか。

　大きな要因として、Webの進展があろう。誰しもが情報を発信することが可能であり、それが一気に広まっていく情報化社会に、学校がうまく対応できていないからであろう。また、学校という組織が、政治や経済から一定の距離感があるため、危機管理の発想そのものに必要性を感じていなかったことも要因である。

　しかし、現在の学校では、一般社会との距離感が以前より縮まっており、危機に遭遇する度合いが増している。特に、マスコミ等での対応がうまくいかず、実際の危機収束において、混乱状態が重なり、2次的な被害を拡大したケースが多いといえよう。つまり、危機収束において、これまでの手法だけでは語れないのである。危機管理が、管理職員の職務という考えが一般的

【図1　危機管理の概念図（阪根 2010）】

だが、学級担任自らが意識しておきたいのは言うまでもない。そこで、学校の危機管理の流れを、図1に示しておく。では、学校の危機管理とはどうすることだろうか。

　学校の危機管理とは、児童生徒が思い切って学び、教師が思い切って教えるために不可欠なものであり、まさしく、生きる力の育成の実現のための方策である。そのため、危機管理能力の高い人たちの資質とは、的確な危機予測が出来ること、そして危機対応において、ダメージコントロールが可能な能力を持っていることである。

2 危機的状況の実際

問題は不意に起こる。そうなると、情報収集が困難であり（もしくはほとんどできない）、事態が次々と展開する。もちろん、状況がコントロールできず、外部、特にマスコミからの詮索やプレッシャーが強くなる。そうなると、人間は守りに入ろうとする精神状態になり、結果的に短絡的で安易な思考に陥りがちとなる。つまり、予測不能な状況とは、このようなパニック  状態になってしまうことであり、有効な手だてがとれないものと思っていい。

発生した様々な問題に対しては、多くの場合、教師個々の能力と経験によって対応がなされてきた。つまり、組織より個々の能力が、一般社会に比べて重視されているのである。学校では、学級という単位が重視されているため、学級担任に大きく荷重がかかっているといっても過言ではない。今、一番の課題は、保護者との関係であるかも知れない。そこで、保護者対応という視点で、危機管理を考えていきたい。

3 保護者対応とは

保護者からは教師への厳しいまなざしが向けられており、その内容は多岐にわたっている。こうした中で、保護者との関係がうまくいっていないと感じている教師は少なくない。それは、近年「モンスターペアレンツ」と呼ばれるように、無理難題の要求が教師に向けられることが多いからであり、相互不信や敵対的な感情が教師を追い詰めているのである。では、どんな事例があるのだろうか。

（1） 不満をぶつけてくる保護者

保護者から「授業が分からないと子どもが訴えている。一体どんな指導をしているのか」といった抗議めいた相談があったとしよう。

こうした授業に関する抗議や相談は、保護者側にも何らかの言い分があるため、対応に苦慮するケースが多い。実際は授業の問題だけでなく、様々な指導に対する不満の現れであり、冷静に受け止める必要があろう。抗議や相談は、

企業で言えば、顧客からの情報という意識で受け止めることから始まるが、教師にとっては、指導（授業）の否定は、根本を揺るがす大問題なのである。

大切なことは、何に対して怒りがあるのか、何が言いたいのかを整理して、説明できるものは説明し、無理なことははっきりと無理というべきだろう。噛み合わないことも考えられるが、誠意をもって粘り強く対応することが重要であり、学校としてのスタンスをしっかりと明示しておく必要がある。

それでも理不尽な要求が重なってくる場合がある。これが、脅迫や恐喝に発展することもあり、もし学校の業務に支障が出れば、「偽計業務妨害」という犯罪に該当することも考えられる。ともあれ、学校全体の問題として対応することが大切なのである。

(2) 教育への関心が強い保護者

教育に関心があることは望ましいことだ。こうした保護者とは連携を図っていくことで、教育効果が高まるものだが、一方で関心がありすぎて、多くの意見を持ちこんでくる保護者も存在する。神経質になりがちであり、反論すると逆効果となる可能性も考えられるため、まずは提案などをじっくり聞き、一つでも取り入れることでうまくいくのである。こうした場合、保護者と教師との役割分担の明確化が望まれる。また、共通した意見では、共同して対応することも考えられる。期待が大きいと反動も大きいため、こうしたケースでの対応では、対応そのものが教師の使命であるとして、しっかりと受け止めなければならない。

4　対応を総括する

保護者との対応において、たとえ抗議であったとしても、教師に相談してくる保護者の方が、解決に向かうものである。何も相談してこない保護者の方がもっと深刻だといえよう。仮に、保護者に問題があったとしても、保護者側からは、教師に相談しにくいという理由があったからだと主張してくる。そこに

は、保護者自身に何らかの不安があるからだろう。たとえば、家庭の責任といわれてしまうことなど、自分に向かうことへの不安があるようだ。それが、理不尽な要求に変身してしまうのである。

　これらは、あることを示唆している。つまり、信頼関係の欠如であり、学校と家庭の役割分担や関係性が明確になっていないことに原因がある。ここでの対応策としては、相談してくる保護者に「希望を与える」というキーワードが考えられる。たとえば、非行を黙認しているように思える保護者の場合でも、その多くは、「親の言うことを全く聞かない」、「指導することによって、家庭内のトラブルが一層増える」などから、仕方なく黙認するという状態にあると考えられる。そのときに、「家庭で責任を持って指導してください」という対応は、学校不信や批判を生じかねない。それによって、問題解消により多くの時間がかかってしまうものだ。

　そこで、「よくするために何をしたらよいか、一緒に考えましょう」と、保護者に希望と勇気を与えることも一案である。悩みの共有化を図る手法は、意外に有効なのである。教師を追いつめる行為は、実は保護者自身が追いつめられているのである。

5　さいごに

　最後に、簡単なスキルを提示しておこう。もし、保護者が抗議で学校に来る場合、事前に学校の門を開けておいたり、玄関の電気をつけたりしておくことを勧めておきたい。不安の中で来校する保護者の心理をおもんばかれることは、逆に教師にゆとりが生まれ、適切な対応が可能となのである。また、事前に子どもの学習や生活の記録を再読しておきたい。どんな場合でも、子どもを中心にして考えれば、危機対応も意外にうまくいくものである。

【引用・参考文献】

阪根健二(2010)「学校の危機対応能力とは何か」『教育と医学』7月号、慶應義塾大学出版会

（阪根健二）

X なるほど ザ 学級づくりのヒント

1 子どもたちとともに学級づくり

まず、4月にどんな学級にしたいか一人一人の子どもたちの願いを出し合う。教師ももちろん願いを話す。「楽しい学級」「みんななかよしの学級」「明るい学級」「協力できる学級」「助け合う学級」「おもしろい学級」……みんなの願いは、言葉や絵で、教室の前面掲示や学級歌、学級旗等に表現されていく。学級の一員として、自分も学級をつくっていくメンバーとして、一人一人にしっかり表現してもらう。

【みんなの願いを掲示】

ある年の教室の前面掲示は「伸びゆく草花」。縦長の長方形の画用紙に、茎をくねくねさせて伸びていく様子の花を描こう、と相談しながら一人一本ずつ花を描いた。また、ある年は「みんなの笑顔と目標」。笑顔は写真で目標は手書き。台紙を各自好きな色にしたので、カラフル過ぎて何色から貼ろうか？と迷っていた。すると、虹の色の順番にしたら？と提案してくれた人がいて、それに決定。虹色なんだから、虹のようにアーチ型に貼ろうということになり、掲示の仕方について一件落着。学級のみんなのアイデアを盛り込んで、めあての表現の仕方や掲示を考えていくと、願いや思いがより強くなる。

学級歌は、替え歌にすると短時間で作ることができた。みんなで歌に入れたい言葉を決め、グループで分担して詩を考える。詩を発表し合い、よりよく練り上げて学級歌完成。自分たちで協力して作った歌は、話合い活動の時や帰りの会などで一緒に歌って、心を一つにしたり絆を深めたりすることに役立った。

学校ごとに授業や清掃、給食等のきまり（○○小スタンダード）はあるが、学年の初めや学期の変わり目にそれらを確認しつつ、学級でも細かいルールを決め、共通理解しておくことが大事である。例えば、授業中机上に出す物やノートの書き方、机の中の整頓の仕方、休み時間の遊びのルール、給食の片付け等。一方的に教師から示すのではなく、ルールづくりも一緒にしていく。

2　一人一人を大切にし合う関係づくり

　全国的に、子どもたちの自尊感情の低さは問題になっている。自尊感情を高めるために、まず教師が子どもの人権を尊重した言動をとることが大切である。そして、子ども同士の温かい人間関係づくりをサポートしていく。

（1）　教師と子どもの関係づくり

　よい行動は言葉にしてほめる。「元気なあいさつだね。」「笑顔であいさつ、感じいいね。」「時間を守って教室に帰れているね。」「静かに歩けているね。」それを聞く周りの子どもたちも、何がよくてほめられているのかが分かり、自分も心がけようとする。

　授業中も、よいところを机間指導しながら具体的にほめる。授業の課題に即した言葉かけはもちろんのこと、「よく考えて書けてるね。」「姿勢がいいね。」「ノートの文字が丁寧だね。」などは、どの教科でも使えるほめ言葉である。ここでも周りの子どもたちに聞こえる声でほめることで、そのよさは伝染し、ほめられた児童も自尊感情が高まる。

　学級担任と1日に一言は言葉を交わせるように、帰りの会終了後、一人一人とふれあう時間をとる。全体で帰りの挨拶をした後、教室を出るときに一人ずつ握手をして「さようなら。また明日。」と言う。ある時は、しりとりや九九、またある時はクイズや質問なども行う。急いで下校しなければならないときは、一斉じゃんけんで勝った

【ハイタッチでさようなら】

人から帰ったり、ハイタッチだけで帰ったりすることもあった。

　連絡帳の一言日記も子どもの様子を知るのに役立つ。今日学校で一番心に残ったことを㋬の印で連絡帳に1～2行書くことにしていた。連絡帳は必ず毎日目を通すが、一言日記を見るとこの子はこんな楽しいことがあったんだなあ、この子はこんなことを頑張っていたんだなあ、○○さんとこんなことをしていたんだなあなどと、知らなかった一面に気づける。そのうえ、それを話題にして楽しい会話が広がっていくのである。

(2) 子ども同士の関係づくり

　①学級の時間に子どもたちがふれあえる人間関係づくりゲームや構成的グループエンカウンターを取り入れる。例えば、話をせずに自分の誕生日を示し、1月から12月までの誕生日順に並んで輪になっていく「誕生日チェーン」や9マスのビンゴカードを使って行う「友達ビンゴ」、2人組になりジャンケンで勝った人が負けた人に質問することができる「質問ジャンケン」などである。このような活動を通して、友達間の距離を縮めたり、友達をよく知ったりすることができる。子どもたちもこのような活動が好きで、「楽しかったのでまたやりたい。」と、リクエストしてくる子も多い。

　②話合い活動の後には、「今日のピカイチさん」の時間を取る。子どもたちが、自分にとって1番感動したピカイチさんを発表するのである。2年生を担任していた時、「みんなのことをよく考えて意見を言えていた。」とほめられたM男が、ポッと頬を赤く染め「ありがとう。」と小さな声ではにかみながらお礼を言った姿は、約10年経った今でも鮮明に心に残っている。

　③帰りの会での「いいところ見つけ」は、多くの学級で行われていることだと思うが、よく名前が出てくる子どもとそうではない子どもがいる。全員が一人のよいところをほめる「ほめほめタイム」は、一人の子どもに焦点を当て、みんなでその子のよいところをほめる。できれば、「いいところ見つけ」と「ほめほめタイム」の両方を行うことが望ましい。「ほめほめタイム」は、一巡するのにクラスの人数分の日数が必要になるが、学級の一人一人が主人公になることができ、自信と安心感をもつことにつながる。最初は「Aさんのよいところは、優しいところです。」という抽象的な表現が多かったが、続けていると友達を意識して見ることができ「AさんはBさんが転んだ時に一緒に保健室に行こうと声をかけて、優しいと思いました。」のような具体的な表現ができるようになる。「ほめほめタイム」でほめられたことで個々の自尊感情が高まり、学級全体にも温かく和やかな雰囲気が広がっていく。

【ほめほめタイム】

第3章　学級経営力の向上をめざして

3　教室の環境整備

　学級は、子どもたちにとって第二の家とも言える居場所である。多くの時間を学級の仲間とともに過ごすので、気持ちよく安心して過ごせる環境にしたい。そのために、環境整備も大切である。

　朝の提出物は、種類ごとに分けて出せるようにかごを利用するとよい。子どもたちが整えて出すことができるので、点検もしやすい。かごは、適当な大きさや好みの色のものをいくつか選んで購入するとよい。水筒も班ごとにかごに入れて置くようにすると、自分の物が分かりやすいし、倒れて棚から落ちることもない。

【提出物をかごで整理】

【班ごとの水筒かご】

　資料集や各教科の学習などもケースを利用して整頓し、取りやすくしておく。マジックや磁石、テープ等、図工などで利用する文房具類も、使いやすく、また片付けもしやすいように整えておく。

　帰りに子どもたちは、各自で机を整頓してから挨拶をすることだろう。しかし、教師は子どもたちの下校後、もう一度机の整

【学習や資料の整理】

頓を確認し、教室全体をスッキリ整えてから教室の施錠をする。そうすると次の日の朝、みんな爽やかにスタートできる。黒板に、朝の活動予定や教師からの前向きなメッセージがあれば、さらに子どもたちのやる気が高まる。

【お薦めや参考になる図書】
國分康孝・久子総編集（2004）『構成的グループエンカウンター事典』図書文化
菊池省三（2013）『一人ひとりが輝くほめ言葉のシャワー2』日本標準

（大西えい子）

XI 私の学級経営から皆さんに伝えたいこと
～学級経営の柱を作る～

1 意味を考える
(1) 学級経営のバックボーンになっていること
　「学級経営」とは実に様々な意味を含んでいる。学級の児童に関わる全ての指導・支援が学級経営と言えるため、担任の個性が出るところである。皆さんが受けてきた教育のなかで思い出に残る先生がしてくださったこと、また、自分がうれしいと思ったことを始め、ボランティアで学校現場を体験するうえで素敵だなと思ったこともたくさんあるだろう。学級担任となれば、こうした経験がバックボーンとなって、「学級経営」に取り組むことになる。しかし、ここで一つ立ち止まって考えてほしい。学級経営の具体的なこと、一つ一つの意味についてである。

(2) 意味を意識しているか
　例えば、係活動は、どの学級でも学期の始めにその割当を決めることが多い。しかし、ここであえて考えてほしい。係の活動は必要なのだろうか。日直が行う活動との差異はどこにあるのだろうか。私が小学校6年生を担当したときに、このことを児童に尋ねてみた。「深く考えたことはない」「係ってするものでは」という答えが返ってきた。そこで、「黒板係ってなぜあるの？」と尋ねると、「黒板をきれいにするために決まっている」という回答である。そこで、「その仕事は、日直の仕事としてもいいのではありませんか」と再び問うと、子どもたちは考え込んでしまった。こうしたことについて、子どもたちは深く考えることなく、学期初めの「儀式」のように話し合っていたのである。

(3) 様々にある慣例として行われていること
　このように考えると、実は「学級経営」の中においては「慣例」のように行われていることが実は多くあるのではないか。実は、それら一つ一つには意味や

目的があるはずである。しかしながら、そのことを教師や子どもが、どれだけ意識しているだろうか。日常の生活の中でなんとなく為されていることの意味を考え、それを子どもが納得したときに初めてその活動が生きたものとなると考える。新学期を迎えたときこそ、そうした目で様々な教育活動を子どもとともに見直すいい機会であると考える。

2　学級経営は子どもの自立・自治をめざすことから始まる
（1）　意味を問うこと・意味を考えさせること

　子どもたちに意味を問うことが大切である。前述の日直の仕事と係の仕事の続きを述べる。6年生の子どもに、この違いを考えさせた。彼らの結論は「同じ」であった。そうして彼らが導き出した結論は、「係活動の廃止」となり、必要と思われることは日直が行うこととなったの  である。その後、1週間もすると、子どもたちの中から（正確には日直を経験した子どもたちから）不平・不満が噴出した。日直になると、仕事が多くてとても大変だというのだ。休み時間になると、日直は、黒板を消したり、ノートを集めたり配ったり、授業の教具を運んだりと休む暇もないのである。少しでも仕事が滞ると周りの児童から注意を受けることになる。こうした状況を経験した子どもは、もう一度、係の仕事について考えたいと申し出てきたのである。次の学級会では、係や日直など学級の日常の仕事の意味や割当についての話し合いとなった。係や日直の意味、仕事をするということの意味を十分に話し合い、納得した上で係の分担を決めることができた。

　意味を問わずに「慣例として」係活動を決めていたら、こうした話し合いができるだろうか。教師が意味を問うこと、そして子どもたちに意味を考えさせることは、学級経営を進めていくうえで重要なポイントとなる。

（2）　役割分担をどのように決定するか

　役割（例えば係）を決定する際に、どのような方法をとるか。子どもたちに任せると、とても時間がかかる。限られた時間の中では、「じゃんけん」で決めることも多い。この「じゃんけん」は子どもの思考を停止させてしまうものだと

私は考える。こうした「思考停止」を繰り返していると、話し合わなくてはならないことまで「じゃんけん」で決めてしまうようになる。全てを「じゃんけん」で決めることで、子どもたちに自律的・自発的な力が身に付くとは考えられない。

　それではどうするのか。初めは時間がかかるが、自分の意見を表明させていくことである。例えば、係を決める場合、その仕事（役割）の意味や特色について教師を交えて話し合う。そのうえで、これはどんな人が向いているかを考えさせる。次に、自分が何に向いているかを考え、意見を表明させる。積極的に希望する者が多い場合、どれくらい自分はそうしたいのか希望の程度を発表させる。（発表の苦手な子どもには、教師が積極的に支援する。）自分の希望が通らず、別のものを引き受ける子どもには、きちんと目標を示し励ますとともに、こうした行動の尊さを全体に伝える。場合によっては、その子どもにインセンティブを与えることも学級全体で合意しておくことも必要かもしれない。

(3)　意味を考えさせ自分たちでルールをつくること

　小学校では、「シャープペンシル」の使用を禁じていることが多い。筆者が勤務した小学校もそうであった。しかし、進級する中学校では使用が許されている。子どもたちは、そのことをとても不満に思っていた。ある日、「シャーペンがどうして禁止されているのか」を尋ねてきた。私は「シャーペンを使うと筆圧が落ち、漢字の止め、はねが不十分になりやすいこと」「授業中の芯の貸し借り、カチカチという音、ペン回しによる落下等が授業の妨げになること」「華美なものや高価なものがあること」の3つの理由から禁止されていることを説明した。そうすると、学級会では、教師の意見を尊重する者と教師の意見を尊重しながらも使用を考える者とに分かれた。話し合いを経て、条件（学級の約束）付きで使用することを決めたのである。その後、学級で決めた約束を守れない子どもが出てきたため、使用は禁止となったが、その後、シャーペンの使用について不平や不満を申し出る者はいなかった。もちろん、約束を守れなかった子どもへのフォローを適切に行うことが重要である。

3　学級経営の柱

　私が学級づくりの柱としたことは、子どもたちの「自治」と「自立」である。こうした力を付けるためには、子どもたち自身が、問題に「気づき」「話し合い」

「対処する」ことを繰り返し行ってきた。私自身も話し合いに加わり、学級の一人として発言をしてきた。自分たちの問題は自分たちで解決するという態度が身に付き、子どもたちもそれを自覚することによって、子どもたちに自信が生まれているように感じる。このような自分たちで問題を解決する力は、低学年のうちから培っていく必要がある。低学年には低学年なりの解決の仕方があるのである。こうした積み重ねにより「自治」と「自立」が身に付いていくものと考える。

4　学級経営の柱をもつために

　学級経営は、教師の個性が反映するものである。したがって、自分自身の学級経営の柱をしっかりともつことが重要である。

　まずは、周りの先生の学級経営を観察してみてはどうだろうか。廊下を歩くときに他学級の教室の様子や掲示物がどのようにされているかを観察したり、授業を見るときにはどのような「学習規律」があるかを探ったりするのである。そして様々な機会をとらえて、その先生の技術や背景にある考えを聴くことで「学級経営の柱」を知ることになるだろう。

　そうして得た技術をまずは真似をしてみよう。しかし注意しなくてはならないのは、このような技術は担任の個性と相まって成果を発揮しているということである。したがって、ただ真似をするだけでは当然うまくいかない。そこで工夫して自分なりに「カスタマイズ」していくうちに、自分なりの学級経営の技術ができあがっていくと考える。

　また、子どもをしっかりと観察してみよう。そうすれば、今何をしなくてはならないかが見えてくるはずだ。目の前の子どものために何ができるか、どのように成長してほしいか、こうしたことをじっくり、じっくり考えながら、自分の学級経営の柱を立ててほしい。

（長友義彦）

【コラム】 学校・学級で役立つ何気ないコツをマンガで伝授④

○ スティックのりのつけ方

○ グループでの話し合い活動

○ 時間の意識

第4章

教育というすばらしい道

第4章 教育というすばらしい道

I どのようなことであっても「Manage to do」

(1) 「教員」の仕事

　現職教員のほとんどは、採用試験の時に「あなたは何故教員を志望しましたか…」といった質問を受けた経験があるだろう。若手教員の皆さんは、それらの問に自らの回答を用意して臨んだと思うが、学校での現実の仕事の中で、どの程度生かされていると感じているものだろうか。志望理由に合致する仕事と、教員の業務として「想定外」であったこととの比率はどうだろうか。40年間にわたる教師としての仕事の終わりに当たって、改めて「教員」の仕事について考えて見たい。

(2) 「ひと」と関わる仕事

　教員になったのは25歳のときである。幼少の頃から医師を希望し、高校を卒業してもなお2年医学部を受験し続けた。結局理学部の数学科に入学し、不完全燃焼の中で学生生活を送りながら、22歳頃から就職のことを真剣に悩んだ。何故医師だったのか考え続けて得た結論は、「対"ひと"の仕事であるから」ということであった。教員の仕事は、このことと同一線上にあると自分に言い聞かせ、教員を目指すことにした。

　25歳の時に教職に就くことができた。高校の数学の教員なので、授業で生徒にさらっと数学の話をして、夜はゆっくり本でも読んで生活できるものと思っていたが、全く甘い見解であった。教員としての業務は、授業（数学）、学級担任の他、硬式野球部監督、教務部、進路指導部、PTA担当など、てんこ盛り状態で、毎日が残業で360日勤務した。今でこそブラック企業扱いでマスコミも取り上げてくれるが、当時は「若者は修行なので当然」という雰囲気があり、任意自発が求められる世界であった。それでも経験を積むうちに困難に直面したときの対応法も身に付いてきて、何とか教員生活を続けることができた。苦しい中でもここまで乗り越えてこれたのは、どの領域の業務であっても、対象は児童・生徒に関することであり、"ひと"を生かすための業務であるので、押しつけられた"仕事"と捉えなかったからだろう。

(3) 様々な困難の中で

　この間、自分自身が押しつぶされそうに感じたことが3度ある。1度目は硬

式野球の監督をしながら、担任、進学指導などとの両立を求められた時である。野球は勝てず、クラスの生徒は問題行動、教頭からは担任失格と言われた。高い理想と教育愛をもって教壇に立った訳ではないが、実際に心掛けて実行してきたことは、生徒の自発性を第一とし、生徒自らが行動計画を決定することを最優先とすることであった。なかなか生徒諸君に理解されず、結果が伴なうまでには相当の時間がかかった。2度目は転勤して母校勤務となった32歳の頃で、教員最年少であった。古巣である軟式野球部監督を任せられ、不祥事で謹慎中の部活動の立て直しに当たった。県内トップ進学校で恩師らと共に教壇に立つプレッシャーと、野球専門家として結果を求められる立場の重圧に、気が付いたら十二指腸潰瘍で入院寸前の状態であった。その後11年勤務したが、後半の6年は特に多忙であった。学校の教育方針を転換する時期に当たり、中心的役割を与えられたことで、多忙な中にもやりがいを感じていた。3度目は校長として定時制・通信制の単独校を再編統合する準備と開校に従事したときである。定時制・通信制課程単独校を中心として、他の2校の併設定時制課程を統合し、前例のない新しい高校像を構築することがミッションであった。既存の学校の教育方針や教育課程の変更、教員団の意識の変革等、課題が山積していた。スペース・イオ（不登校・引きこもりの小・中学生のためのフリースクール的空間）を高校内に開設するなど、すべての子どもたちに開かれた学校として平成17年開校し、全国から視察団を迎える頃には疲労困憊であった。

（4）　困難を克服するために

　今振り返ってみて常に心掛けてきたことは、お預かりする生徒の命と健康を守ることが第一であり、そのためにできることのケーススタディーを怠らないことである。予測不能は許されないので、生徒の個々それぞれの2年後そして10年後の望ましい姿に思いを巡らせ、多くの情報を集積しておくことが大切である。将来、生徒諸君が様々な困難に直面したときのために、同様な準備をしておくことを話しておきたい。そして、それらの選択及び試行錯誤で何とかする、即ち、どのようなことであっても「Manage to do」の姿勢で乗り切っていただきたい。昨今、学校の教員は責任に見合わない職業であると敬遠されがちであるが、私は、生徒諸君が社会の一員として輝いている姿を見て喜びを感じることのできる唯一無二の職業であることに誇りを感じている。（神居　隆）

Ⅱ　人生の転機を大切にしよう

　教師になって35年。振り返ると何度か転機があった。自分が教師を目指し、教師としてがんばってくることができたのも、各々の転機で自分の可能性を見い出すチャンスがあったからと今更ながらに思う。
　一つ目の転機は中学2年生、夏休みの宿題である自由研究が理科の先生の目にとまり、「物質の拡散」というタイトルで研究を続けた。中3の時に「読売科学賞：知事賞」受賞。理科の面白さを体験させていただいた。
　二つ目の転機は大学2年の時。植物分類実習で北アルプスに登った。高山植物も登山も未経験だった私にはこの実習は強烈だった。「世の中にこんな美しい自然の姿があったのか」高山植物や山登りの魅力にとりつかれた。
　三つ目の転機は地元の小学校に採用が決まり初めて子どもたちを引率して遠足に行った時の出来事だった。大学時代には卒業研究として「ツユクサの気孔開閉に関する研究」で主に実験室内の研究に没頭した。大学で学んでいるのだから。生意気にも植物生理学者気取りで何回も実験を行った。実験好きなのは中学校の自由研究の影響かもしれない。他の同級生はフィールドをもち、サンプルや野外データをもとに卒論を書いていた。同級生の手伝いでフィールドに行き、自然の素晴らしさも体験はできたが、自分は植物生理学で卒論を書くことに迷いはなかった。地元の小学校に採用が決まり、理科を専門に子どもたちの指導にがんばろうと意気揚々と着任した。ところが、初めての遠足で子どもたちと河原の土手を歩いていた時、ある子が「先生！この草の名前、なんていうの？」と聞いてきた。「えっ！！」これが私の反応だった。道ばたに咲いている春先の草花を即座に答えることができなかった。これで理科の教師といえるのか？？そこからだった。自分が所属した理科サークルの先輩（植物の専門家）に相談をした。「山梨生物同好会に入らないか。」
　四つ目の転機は、この先輩に連れられて同好会の観察会に参加したことだ。その会は定期的に山梨県内で植物観察会を開催していた。観察ルートを皆で歩きながら植物名や特徴などを教えていただいた。「これだ！！」小学校から高校まで野外での経験の少なかった私には全てのものが新鮮だった。観察会には欠かさず参加をして自分の知識を増やしていった。この会には小中学校の先生方

もメンバーになっていたので理科の教材や指導方法なども教えていただき、理科教師としての幅を広げることもできた。この会のおかげで、林間学校や遠足では子どもたちに自信をもって植物の話をしてあげられるようになった。そればかりか様々な野外調査に関わるようになり多くの仲間ができた。今では山梨県内の植物について研究することが自分のライフワークになっている。

　五つ目の転機は道徳教育との出会いである。2校目の赴任先が当時の文部省の道徳教育研究指定校だった。新採5年目で山歩きが大好きになった私が公開校に赴任。道徳の授業は正直言って……？そんな時に指導していただいた先生が「高山植物を使って自作教材を作ってみたら？」とヒントをくださった。「理科教育で自分が体験したことを伝えよう！」自分の撮影したスライドを使って授業を行った。意外と面白かった。次の赴任先も文部省の道徳教育の指定校。前任校の経験を生かして研究授業にも励んだ。「自然愛護は私に任せて！」この頃から理科教育と道徳教育が自分の専門分野となっていった。

　大きな転機は平成15年。山梨県教育委員会の道徳教育担当指導主事として赴任が決まった。「県の指導主事？しかも道徳！大丈夫か？」不安で押しつぶされそうな毎日。しかし同僚が支えてくれた。分からないから勉強もした。文部科学省にも行く機会があり調査官の先生から直接ご指導をいただくこともできた。この7年間の経験は大きかった。たくさんの「人」との出会いがもの凄い財産となっている。また平成20年当時の学習指導要領改訂という大きな転機にこの職にいたことも、自分の人生の中ではかけがえのない経験となった。

　その後は、山梨大学大学院教育学研究科（教職大学院）の実務家教員として勤務し、現在に至っている。校内研究会や初任研など各教科の授業では理科教育で学んできたことが、道徳の授業は自分が指導主事として積み重ねてきたことが、またライフワークとなっている植物研究では様々な調査研究の調査員として、今までの経験が現在の自分を支えている。新採のころ、将来の自分の姿なんて想像できなかった。植物や道徳教育に関わることも……。巡り合わせかもしれないが若い先生方が歩まれる道の中で人生の転機となる出会いがある。そのチャンスを大切にしてほしい。その時は大変で辛いかもしれないが、自分の得意分野にしてしまうと新しい自分の可能性と新たな人との出会いが必ずある。人生の転機を大切にしていこう。

（藭原　桂）

第4章 教育というすばらしい道

Ⅲ 道徳の授業を通して、子どもから学ぶ

　「人の心などわかるはずがない」。これは臨床心理学で著名な河合隼雄氏が「こころの処方箋」の冒頭で述べた言葉である。確かに、人の心を理解することは難しい。しかし、子どもの心に寄り添い、そこから学ぶことは可能である。
　以下に、道徳授業を通して、私が子どもから学んだエピソードを紹介する。
(1) 目の前の子どもと真摯に向き合うこと
　第1は、筆者がまだ新米の教師であったときの体験である。そこで学んだことは、目の前の子どもと真摯に向き合うということである。
　「学級崩壊」を経験し、もがき苦しんだ挙句、藁にもすがる思いで行った初めての道徳の授業。それは、決して道徳の授業と言えるほどのものではなかった。しかし、私に反発していたA児と初めて向き合うことができた。A児と主人公をダブらせて作成した自作資料を用いた授業を行うことを通して、A児に自分の思いを投げ掛けるとともに、教師としての在り方を自らに問い掛けた。A児も私の思いを受け止め、自らの思いを語り、応えてくれた。
　これが私の道徳授業の原点である。そして、子どもと真摯に向き合い共に歩むことを肝に銘じた教師としての出発点でもあった。道徳の授業は、決して教師が高みにあって、子どもを教え導くという単純なものではない。常に、その授業を通して教師自身が人間としての在り方を自らに問い、子どもと共に考え深めていくことが求められる。そのような授業こそ、本当に子どもの心を揺り動かし、一人一人の子どものこれからの生き方に真に生きて働く道徳授業となるのではなかろうか。そのようなことを考えた貴重な体験であった。
(2) 共感的人間関係（学級風土）をはぐくむこと
　第2は、文部科学省の教科調査官をしていたときの体験である。そこで学んだことは、子どもが心を開き自らの思いを語れるよう、共感的な人間関係（学級風土）をはぐくむということである。
　第34回全日本中学校道徳教育研究大会（京都大会）での弥栄中学校における3年生の授業で、一人の男子生徒が、「悪いことばっかりしてたらあかん」とこれまでの自分を振り返り、進路のことや親孝行をしたいという自らの思いを一生懸命語っていた。そして、その思いを受け止めた仲間の一人が、悪いことを

してきたのは必ずしも彼だけのせいではないことを弁護するとともに、3年になって学校で毎日勉強に取り組み頑張っている彼の姿を評価し、「公立高校に進学したい」という彼の願いはきっとかなうと励ましの言葉を返していた。その言葉に触発されて、周りからがんばれがんばれと言われストレスを溜めていたもう一人の生徒は、涙ながらにその苦しさを語りつつも、そのことに負けず、また一から考えていきたいと前向きな考えを述べていた。そこには、そのやりとりを涙を浮かべながらしっかりと受け止めている仲間や教師がいた。

　道徳の授業は、子どもが自らの思いを自らの言葉で語るところから始まる。そのためにも、一人一人の子どもが心を開き自らの思いを語れるような、教師と子ども、子ども相互の共感的な人間関係（学級風土）をはぐくむことが求められる。弥栄中の子どもたちの学ぶ姿から、そのことをあらためて実感することができた体験である。

（3）　未来を拓くことへの信念をもつこと

　第3は、家庭環境等様々な課題や悩みを抱えた子どもたちが学び、生活している自立支援施設で道徳授業を行った時の体験である。そこで学んだことは、自らが行う日々の道徳授業の実践が子どもの未来を拓くことにつながるという信念を教師がもつことの大切さである。

　一人の女子生徒が、私が授業の準備をしていた部屋に、うっかり間違って入って来た。彼女は、「あっ」という顔をした後、照れながらも何とも言えないさわやかな笑顔を浮かべ、「すみません」と言って立ち去った。授業の中では、わずかではあるが自分の思いの一端を語ってくれた。そして、授業後、担任と共に私のところに来て、授業では聞くことができなかったことについて笑顔で話してくれた。彼女が、更生し立ち直れるよう多くの先生方が熱い思いを込めて支え指導していた。彼女もその思いに応え、一生懸命努力していた。子どもの幸せを願う教師の働きかけが、時としてうまく子どもに伝わらず忸怩たる思いにかられることもあろう。むしろそのようなことの方が多いかも知れない。しかし、教師は、子ども一人一人の心の扉を未来に向けて拓くための生きて働く力となることを信じ、また、そのような願いを託して、日々の道徳の授業を要として道徳教育を推進することである。その願いは、きっと子どもの心に届くはずである。

（七條正典）

Ⅳ 「役割」と「覚悟」
―司馬遼太郎「坂の上の雲」と「花神」から―

　私の座右の銘を紹介する。それは、平成21年から3年間放映されたNHKの21世紀スペシャル大河ドラマ「坂の上の雲」のオープニングにある。俳優の渡辺謙さんのナレーションであった。
「まことに小さな国が、開花期を迎えようとしている。
　小さなといえば、明治初年の日本ほど、小さな国はなかったであろう。
　産業といえば農業しかなく、人材といえば三百年の間、読書階級であった旧士族しかなかった。
　明治維新によって日本人は初めて近代的な「国家」というものを持った。
　誰もが「国民」になった。
　不慣れながら「国民」になった日本人たちは、日本史上の最初の体験者としてその新鮮さに昂揚した。
　この痛々しいばかりの昂揚が分からなければ、この段階の歴史は分からない。社会のどういう階層のどういう家の子でも、ある一定の資格をとるために、必要な記憶力と根気さえあれば、博士にも、官吏にも、軍人にも、教師にもなりえた。この時代の明るさは、こういう楽天主義から来ている。
　今から思えば実に滑稽なことに、米と絹の他に主要産業のないこの国家の連中が、ヨーロッパ先進国と同じ海軍を持とうとした。陸軍も同様である。
　財政の成り立つはずがない。が、ともかくも近代国家を作り上げようというのは、もともと維新成立の大目的であったし、維新後の新国民達の少年のような希望であった。(以降、省略)」
　中段にある、「社会のどういう階層のどういう家の子でも、……、博士にも、官吏にも、軍人にも、教師にもなりえた」というところが、まさに、「教育」の大切な使命や「役割」のひとつを示しているのではないかと思う。
　日本の「学校教育」は多くの人を育て、欧米列強に伍する原動力になった。その素地は、明治5年の学制発布以前にある。その時、彼らが受けた教育は、多くは漢文の素読を中心とした「論語」をはじめとする四書五経の読解であった。もうひとつ、江戸時代には、洋学の中心は「蘭学」である。緒方洪庵の適塾が有

Ⅳ 「役割」と「覚悟」—司馬遼太郎「坂の上の雲」と「花神」から—

名だ。後年、適塾出身の福澤諭吉が「慶應義塾」を設立するに至る。そこで学んだ人たちが近代国家日本の建設に力を尽くす。

しかし、あの時代に、彼らが受けた教育は、教育内容こそ西洋近代の科学・技術ではあったが、教育方法は、伝統的なものだ。適塾で蘭学を学ぶ学徒は、原書の文言を一字一句、写本して手に入れた辞書を頼りに丹念に読み解いていく。その様子は、まさに人格を陶冶するがごとき「修行」そのものの様である。その様子は、司馬遼太郎の「花神」にも描かれている。

日本人は、書物を通して西洋近代の科学・技術を巧みに学んだ。もちろん、外国語を紐解き、そこから知識や技能を学ぶこと、そのことだけでも簡単なことではない。また、それができたからといって、そのことが直接その国の近代化に繋がるとも限らないが、日本人はそれを行った。彼ら学徒の「学び」が日本の近代化に大きく貢献した。その背景には、私達自身の内にある日本人特有の精神性に負うところが大きいのかもしれない。

また、彼らをして、何が彼らをそこまで突き動かしたのかを考えると、それは、きっとそれぞれの確かな「学び」がその人の「役割」を明らかにし、そして、その「役割」を果たす「覚悟」を醸成したのだと考えることができると思われる。その証左となる一節が、昭和52年のNHKの大河ドラマ「花神」の総集編冒頭のナレーションにある。小高昌夫アナウンサーの語りであった。

「一人の男がいる。

　歴史が彼を必要とした時、忽然として現われ、その使命が終わると、大急ぎで去った。もし、維新というものが正義であるとすれば、彼の役目は、津々浦々の枯木にその花を咲かせてまわる事であった。

　中国では花咲爺いの事を花神という。

　彼は、花神の仕事を背負ったのかもしれない。

　彼　—　村田蔵六、後の大村益次郎である。」

「役割」と「覚悟」。日本の教育は、この国を、そして、この国土で生活している人々をよく支えてきた。ここでもう一度、その「役割」をよく考え、さらに、それを担った人たちの「覚悟」はいかにしてその当時の人たちの内に醸成されえたものなのか、と思いをはせながら讃岐の地で、誠に風光明媚な瀬戸内の海を望みながら、考える今日この頃である。

　　　　　　　　　　　　　　　　　　　　　　　　　　　（齋藤嘉則）

【コラム】 学校・学級で役立つ何気ないコツをマンガで伝授⑤

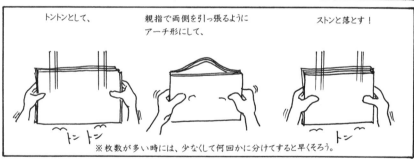

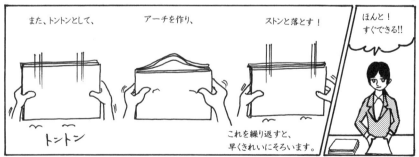

おわりに

　初任者として赴任した小学校を訪問する機会があった。始業式後に校庭にある「希望」の石碑とともに子どもたち一人一人の写真を撮影して、黒板の上に掲示していたことが懐かしく思い出される。教員としてスタートを切った時の初心を忘れないようにと、自分のその写真をずっと大切にしている。

　それから30年が経ち、自分が歩んできた道を振り返ると、多くの出会いといくつかの転機があった。常に誰かに支えられたり、誰かに背中を押していただいたりして、失敗や苦しかった出来事も含めて様々な経験を積み重ねてきた。

　この度、全国教育系大学交流人事教員の会の皆さんの協力を得て、新規採用者や若手教員にとって、具体的な事例等を掲載する実践の書としたいという願いをこめて、「教員としてのホップ・ステップ」を編集してきた。是非、教員として歩み出している皆さんにとって、教育実践の参考になるとともに、自分なりのホップ・ステップへと繋げる拠り所の一助となればと願っている。

　今のあなたにとって、できることからの一歩でよい。「いままでのわたし」と「いまからのわたし」を意識して取り組んでみよう。そして、実践に基づきながら自らの教育方針や教育哲学を一つずつ見つめ直し問い返してほしい。

　せかず　あせらず　ひたすらに　一歩　一歩　もう一歩

　周知のとおり、教育基本法第九条には、「学校の教員は、自己の崇高な使命を深く自覚し、絶えず研究と修養に励み、その職責の遂行に努めなければならない。」と明記されている。絶えず研究と修養に励む姿勢が、自然とホップ・ステップにつながる歩みとなるであろう。容易なことではないが、それだけ崇高な仕事であることを自覚してほしい。

　最後に、本書の刊行にあたり、ご多用のなか執筆いただいた各先生方に感謝の意を表するものである。

平成29年　立春
植田　和也

執　筆　者　一　覧（所属は2017年3月現在）

監修
　七條　　正典　　香川大学教育学部　教授
　保坂　　　亨　　千葉大学教育学部　教授
　齋藤　　嘉則　　香川大学教育学部　准教授
編著者
　植田　　和也　　香川大学教育学部　准教授
　霜川　　正幸　　山口大学教育学部　教授
　土田　　雄一　　千葉大学教育学部　教授
執筆者
　池西　　郁広　　香川県高松市立牟礼南小学校　校長
　一瀬　　孝仁　　山梨大学教育学部　准教授
　大西えい子　　　香川県高松市立庵治小学校　教頭
　大西　　孝司　　香川県まんのう町立仲南小学校　元校長
　神居　　　隆　　秋田大学教育文化学部　教授
　阪根　　健二　　鳴門教育大学　教授
　佐瀬　　一生　　千葉県九十九里町立九十九里小学校　校長
　佐藤　　盛子　　香川大学教育学部　准教授
　静屋　　　智　　山口大学教育学部　教授
　高木　　　愛　　香川大学教育学部　准教授
　田﨑伸一郎　　　香川大学教育学部　准教授
　長友　　義彦　　山口大学教育学部　教授
　西村　　隆徳　　千葉大学教育学部　准教授
　蕪原　　　桂　　山梨県甲府市立池田小学校　校長
　日比　　光治　　岐阜県大垣市立西小学校　校長
　藤上　　真弓　　山口大学教育学部　講師
　前原　　隆志　　山口大学教育学部　教授
　山下　　隆章　　香川県三木町立白山小学校　校長
　山下　　真弓　　高松市立木太南小学校　教頭
　山本木ノ実　　　香川大学教育学部　准教授
　イラスト協力：佐々木啓祐（香川県高松市立香東中学校　校長）

編著者紹介

植田　和也　　香川県内の公立小学校教諭から人事交流制度で平成15年度から4年間香川大学へ。その後、直島町立直島小学校教頭、香川県教育委員会東部教育事務所主任管理主事、所長補佐を経て、平成25年度より香川大学教育学部准教授。現在は、実務家教員として教職大学院を担当。全国教育系大学交流人事教員の会副会長。

霜川　正幸　　山口県公立中学校教諭、県教委事務局（指導主事・社会教育主事）を経て、中学校教頭から人事交流制度で平成18年度から3年間山口大学へ。引き続き山口大学採用（助教授）となり、平成19年度から准教授、25年度から教授。現在は教職大学院と教育学部（附属教育実践センター長）を兼任。全国教育系大学交流人事教員の会会長。

土田　雄一　　千葉県子どもと親のサポートセンター研究指導主事より人事交流制度で平成17年度から5年間千葉大学へ。その後、市原市教育センター所長、市原市立白金小学校校長を経て、平成26年度より千葉大学教育学部特任教授、27年度より同教授。現在は、実務家教員として教職大学院を担当。全国教育系大学交流人事教員の会副会長。

教員としてのホップ・ステップ
～磨こう　授業力・学級経営力～

2017年4月15日　初版第1刷発行
定価　1,500円＋税

監　修　　七條 正典　　保坂 亨　　齋藤 嘉則
編　集　　植田 和也　　霜川 正幸　　土田 雄一
　　　　　全国教育系大学交流人事教員の会

発行・印刷　　株式会社 美巧社
　　　　　　　〒760-0063
　　　　　　　香川県高松市多賀町1-8-10
　　　　　　　TEL　087-833-5811

ISBN　978-4-86387-083-3 C1037

◆◆◆ 美巧社の出版本の紹介 ◆◆◆

未来への扉を拓く道徳教育

七條　正典　伊藤　裕康
櫻井　佳樹　植田　和也
山岸　知幸　谷本里都子 編

2015年3月10日　発行
定価　1,500円＋税

道徳教育に求められるリーダーシップ

七條　正典　植田　和也 編著

2016年3月15日　発行
定価　1,500円＋税